MEMÓRIAS DE VIAGEM

Maria da Conceição Barreto

MEMÓRIAS DE VIAGEM

Um giro rodoviário pela Europa

ISBN-13: 978-65-00-15806-9

*Nós viajamos não apenas para chegar, mas para viver
enquanto viajamos*

Goethe

Sumário

Prefácio

Este livro foi idealizado no final de 2001, logo após retornar da excursão aos países europeus da Espanha, França, Alemanha, Áustria e Itália. A ideia de fazer um livro surgiu quando me deparei com a quantidade de registros realizados durante a nossa viagem. Eram muitos dados e eu não seria justa comigo mesma arquivando-os como manuscritos. Resolvi, então, digitar as anotações para facilitar a sua releitura posteriormente e, quiçá, publicá-las no futuro. A falta de experiência com o ramo da publicação e o pouco tempo disponível à época para pensar sobre a organização de um livro não me ofereciam outra alternativa, senão esperar.

Decorridos dezenove anos, encontro-me em outro momento de vida, situada em outro ponto de observação em relação ao mundo, às coisas, às pessoas e a mim mesma. Em meio à pandemia do coronavírus, surgiu a ideia de publicação do livro. Retomei o material para revisão e decidi lançá-lo em meio digital. Com isso, aumentaria a possibilidade de alcançar maior número de leitores interessados pelo conteúdo, podendo ainda despertar nessas pessoas o desejo de conhecer o mundo e registrar suas experiências.

Se "nós viajamos não apenas para chegar, mas para viver enquanto viajamos", de acordo com Goethe, fazer o registro das viagens é uma maneira de continuar viajando e, por que não, vivendo? Ao viajar, nosso espírito se renova pois, em cada país, região, cidade, rua, ponto turístico, em cada pessoa e em cada encontro, existe algo novo. Viajar é uma das coisas mais fascinantes na vida de uma pessoa, seja qual for o objetivo. Viajar para ver, descobrir, aprender, admirar, divertir-se. Ter a liberdade de se deslocar de um lugar para outro, conviver com diversas culturas e abarcar um pouco o sentimento universal, sem estar presa às fronteiras geográficas, eis o que sempre desejei. Com essa turnê, cumpri parte desse desejo, na companhia de Visi, parceiro de vida que une alguns dos seus sonhos aos sonhos meus e, juntos, realizamos uma trajetória plena de experiências renovadoras.

A excursão abrangeu cinco países, algumas regiões e diversas cidades, compondo uma jornada de 21 dias trafegando por estradas europeias, de ônibus, e dois percursos aéreos, ida e volta até Madri, nosso ponto de partida e finalização da excursão.

Os registros representam boa parte do que foi captado pela visão, audição e coração. Constituiu uma forma de prender com as mãos o cotidiano vivido em terras estrangeiras, para depois reler, relembrar e reviver tais experiências em épocas diferentes. Como nem sempre a máquina fotográfica e o aparelho visual são perfeitos, a alternativa da escrita garante algo mais duradouro. Nessas linhas indico os deslocamentos realizados, os objetos de interesse observados, além de registrar comportamentos e descrever as sensações vividas no percurso. Durante a viagem, encontrei na observação e na escrita um complemento para manter o entusiasmo da vida de viajante.

Alguns excursionistas me perguntavam por que eu escrevia. Confesso que até eu me perguntei a esse respeito. Escrevia dentro e fora do ônibus, ao brilho do dia ou das luzes da noite e até na penumbra do fim de tarde. Escrevia olhando para o papel e sem olhá-lo, treino necessário para garantir a percepção do objeto e, ao mesmo tempo, o seu registro.

Em seu livro *Mercadores e Banqueiros da Idade Média*, Le Goff (199, p. 105) relata que um genovês do final do século XIII aconselhava: "Sempre deves lembrar-te de registrar por escrito tudo o que fazes. Escreve-o imediatamente, antes que saia do teu espírito". E, no século seguinte, um florentino lembrava: "Não se deve ser preguiçoso ao escrever".

Embora tendo decorridos oito séculos, essas ideias não envelheceram, sendo aconselhável, ainda hoje, que se anote os pensamentos e os sentimentos e, de preferência, devemos registrá-los logo, a fim de que 0 desânimo não se apodere do nosso espírito e a memória não nos traia com suas armadilhas.

Nessas memórias, existem detalhes que só interessam a mim e a Visi. Entretanto, há alguns que, talvez, interessem a outras pessoas, podendo ser lidos por quem assim o desejar. Não tive a pretensão de cobrir todos os fatos que ocorreram durante a viagem. Reuni as anotações, ouvindo o guia que nos acompanhou em toda a excursão, fazendo a complementação dos dados com informações contidas em folhetos, revistas e, eventualmente, em livros que tratam sobre os tópicos que estão sendo narrados. Como toda escrita feita a posteriori, aqui também há lacunas, ficando, às vezes, ao sabor dos sentidos, não havendo nenhum rigor na forma ou no conteúdo escrito. Algumas descrições são mais extensas, outras não, seja por falta de maior interesse pelo objeto visto, seja por falta de dados.

Fazer essa turnê significou a realização de um antigo sonho que remonta à minha adolescência, quando estudei no Colégio das Sacramentinas, em Feira de Santana. Nas aulas de História Geral, quando ouvia sobre a história de Roma, eu me transportava mentalmente para lá, tentando sentir o que os ouvidos captavam. Por outro lado, nas aulas de Religião, as informações sobre a vida dos santos, sobre as transformações da Igreja Católica e a vida dos Papas traziam um clima romano que estimulava a minha imaginação, dando espaço para infindáveis devaneios.

Das aulas de francês no ensino fundamental e na Aliança Francesa restaram as imagens da Torre Eiffel, do Arco do Triunfo, da Praça da Concórdia, do Rio Sena, das Igrejas Sacré-Coeur e Notre-Dame, todas me acenando com a esperança de que "um dia" eu estaria lá.

Da Espanha, as lembranças se prendiam às touradas e eu cresci acreditando que elas ocorriam diariamente. Depois compreendi quão longe pode ir a nossa imaginação, pois eu estive lá e não ouvi nenhuma referência a espetáculos de tourada. Em compensação, me deparei com tantas novidades, que a representação de uma tourada deixou de ocupar lugar na minha fantasia quando penso nesse país.

Se por um lado, a Itália, a França e a Espanha (nessa ordem) fizeram parte das minhas fantasias e, posteriormente, dos meus projetos de vida, por outro lado, a Alemanha nunca fez parte dos meus sonhos juvenis ou adultos. Assim, tudo o que vi nesse país não estava relacionado a expectativas anteriores, mas nem por isso foi menor meu interesse ao conhecê-lo.

E a Áustria? Esse país sempre me sugeriu a existência de reis, rainhas, palácios, frio, neve, montanha, rios, enfim, uma natureza exuberante. Eu não me deparei com nenhum rei ou rainha, para dar vazão às minhas ilusões, porém o restante preencheu meu coração na medida, correspondendo ao que eu imaginava.

Em suma, a viagem foi surpreendente sob todos os aspectos, mesmo daqueles que trouxeram certa dificuldade ou desconforto, pois serviram de parâmetro para valorizar o que é nosso, para me fazer acreditar nos nossos sonhos e projetos, independendo do seu tamanho e lugar onde os deixamos florescer.

Salvador, dezembro de 2020

Viagem sobre o Atlântico

As anotações sobre a viagem começaram a ser feitas desde a saída da cidade de Salvador. Partimos no voo doméstico 2321, embarcando às 11 horas e 45 minutos, acomodados nas poltronas 6B e 6C. Às 12 horas e 15 minutos, pontualmente, o avião decolou do aeroporto Luiz Eduardo Magalhães com destino ao Rio de Janeiro. A viagem foi tranquila, embora eu tenha sofrido um pouco na descida da aeronave, por causa da pressão no ouvido esquerdo, desconforto do qual padeço com frequência nas viagens aéreas.

No Rio de Janeiro, ficamos duas horas aguardando o momento do embarque rumo a Madri, o que aconteceu às 16 horas e 40 minutos, decolando às 17 horas e 50 minutos. Ao ingressarmos no avião, já sentimos um clima menos brasileiro, porque fomos recebidos pela tripulação falando espanhol. A equipe feminina de bordo desfilava em traje elegante, vestindo saia e meias pretas, blusa branca, colete xadrez em preto e cinza e luvas de couro pretas.

Depois de um tempo voando, resolvi acompanhar o computador de bordo para ter noção do percurso da aeronave. Comecei a fazer anotações em uma caderneta que deixei descansando no compartimento da poltrona à minha frente e que estava ali aguardando a hora do ofício.

Eram 19 horas e 30 minutos e o meu relógio ainda marcava hora brasileira. Mais tarde fiz alteração nos ponteiros para chegar a Madri de acordo com o horário local. Estávamos cruzando o Atlântico, aliás, pela posição geográfica da cidade de onde partimos, fazia algum tempo que voávamos sobre o oceano. Para quem tem medo de água, como eu, dava para sentir um leve friozinho na barriga. Como a permanência no ar levaria algumas horas, o jeito era relaxar e pedir a Deus que nos segurasse pelos cabelos. Tentei dormir até que a tripulação servisse o jantar, mas não consegui. Suspendi qualquer ideia de fazer algo e assim permaneci, por um bom tempo, desfrutando do balanço da aeronave.

Depois do jantar, o sono chegou intenso, eu dormi bastante e acordei me sentindo revigorada. Era meia noite e meia (hora brasileira) e 5 e meia (hora espanhola). Nesse momento atualizei o meu relógio para entrar no fuso espanhol e já ir me ajustando ao tempo, localidade, idioma, clima e tudo o mais. Visi me comunicou que havia algum tempo as telas do computador indicavam nossa aproximação do Continente Africano e, por incrível que pareça, eu tinha esquecido que estava sobre o oceano. Difícil acreditar que eu havia dormido tanto. O medo fora embora, ou eu dei as mãos à coragem e relaxei?

Voltei a dormir, mas acordei várias vezes, talvez para acender a consciência de que estava nos ares. Ficar acordada o tempo todo não seria interessante em uma viagem tão longa. Mas o inacreditável aconteceu: no fim do percurso eu havia dormido praticamente quase todas as horas que costumo dormir em terra. Despertei com o relógio marcando

7 horas e meia. Madrugada no Brasil, provavelmente todos estariam dormindo. A tripulação estava servindo o café da manhã (desayuno, em espanhol).

Foi muito bom acompanhar as informações sobre o voo oferecidas pela companhia de aviação. É uma lição de geografia. Continuávamos beirando o Continente Africano, à altura de Casablanca.

Havíamos percorrido 4.580 milhas e ainda nos encontrávamos sobre o Oceano Atlântico. As informações na tela indicavam que faltava quase uma hora para chegarmos ao nosso destino. Os ponteiros marcavam 10 minutos para as 8 horas. Lá fora, no horizonte, avistei uma faixa laranja-avermelhada. Seria o sol nascendo?

Estávamos a 520 milhas do nosso destino. Dentro da aeronave havia uma estabilidade geral. Parecia que a turbulência que havia assustado um pouco antes, foi-se embora de vez. Olhei novamente pela janela e percebi que, de fato, o sol estava nascendo, com seu clarão magnífico, uma imagem bonita de se ver.

Minha atenção nesses últimos minutos antes da chegada se voltava para o computador de bordo. Passava das 8 horas da manhã e já havíamos voado 4.889 milhas, faltando pouco para chegarmos a Madri. Enquanto estávamos cruzando Portugal, na tela aparecia o anúncio: previsão de chegada às 8:37. A temperatura exterior era de -58 °F. Percebi que descíamos lentamente. A temperatura mudou para -45 °F. Dentro da aeronave, o calor humano surgiu no gesto das aeromoças oferecendo bombons com a marca da empresa de aviação.

A temperatura exterior continuava subindo: -17 °F, enquanto nós, ansiosos nesses últimos minutos de voo, não parávamos de olhar o relógio: 8 horas e 19 minutos, temperatura 6°F. e 5.019 milhas dominadas. Embaixo e em volta da aeronave, havia muitas nuvens brancas semelhantes a flocos de algodão.

Às 8 horas e 25 minutos, numa velocidade de 529 Km/h, diminuindo aos poucos para: 507, 505, 477... e altitude de 2.226 metros, ainda nos encontrávamos distantes do solo. Logo depois, percebemos com alegria uma altitude de 1.672 metros, enquanto a aeromoça anunciou a hora: 8 horas e 34 minutos. Estávamos nos aproximando do aeroporto de Barajas e era possível avistar, panoramicamente, Madri. O avião descia rápido, os tripulantes estavam acomodados em suas poltronas, os avisos de segurança acionados e o comandante já havia recebido autorização para a aterrissagem. Apesar da velocidade e da forte zoeira das turbinas, parecia que teríamos uma descida serena.

Oito horas e quarenta e um minutos. Acabávamos de tocar o solo madrilenho. Foi um pouso artístico. Não senti pressão ou dor no ouvido. Temperatura local? Não identifiquei. Tínhamos um sol brilhante nos acolhendo na chegada e a esperança de podermos aproveitar bastante o passeio.

Descobrindo Madri

Havíamos chegado a Madri depois de uma viagem tranquila, que correspondeu a todas as previsões feitas antes de partirmos do Brasil. No aeroporto de Barajas, fomos recepcionados por um funcionário da empresa de turismo local que realizou o "transfer" para o hotel reservado por eles.

Depois de nossa acomodação no hotel, nos preparamos para sair, iniciando oficialmente nossa excursão. Eu já havia decidido fazer a crônica sobre essa viagem, como sempre fiz de outras vezes. Comecei então pelo país que nos recebeu primeiro, apresentando um panorama geral sobre ele.

****

A Espanha possui 46,9 milhões de habitantes (2019) e sua extensão territorial é de 504.645 km², menor que o estado brasileiro de Minas Gerais, cuja extensão territorial é de 586.522 km ². A capital Madri está situada no centro do país e sua forma de governo é a Monarquia Parlamentarista. A moeda utilizada até 2001 era a Peseta, que foi substituída pelo Euro no ano seguinte.

Madri é o centro intelectual e político de um grande império, mas é também dotada de um núcleo cultural forte, possuindo um rico acervo de arte europeia que pode ser apreciado nos grandes museus da cidade. É considerada a capital mundial das touradas. A tourada não é vista como uma luta, mas uma arte, através da qual é cumprido um ritual onde sobressaem a coragem e a destreza do toureiro.

Nossas descobertas começaram em Madri. Programamos uma visita aos museus fazendo um circuito pelo conhecido Triângulo de ouro da arte de Madri. Primeiro, fomos ao Museu do Prado, um dos maiores museus do mundo, que merece muitas horas de visitação. Mas, como somos viajantes apressados, fizemos visitas panorâmicas aos três museus em um só dia.

O **Museu do Prado** está instalado em um edifício neoclássico e foi idealizado como museu em 1819. Mais tarde, foi atingido pelas tropas de Napoleão, sendo sua restauração providenciada por Fernando VII. O museu abriga um acervo de 7.000 obras, sendo que 1.300 estão em exposição. Possui obras de diversos artistas: Goya, Rubens, Velázquez, El Greco e outros. Abriga pinturas italianas, flamengas e alemãs, contendo esculturas e artes decorativas, desenhos e estampas.

O Museu do Prado tem 3 portas de acesso: Goya, Velázquez e Murillo. A entrada para turistas e deficientes é pela porta de Goya. Conecta-se com a Calle Felipe IV, o Passeio do Prado e a praça em frente ao Jardim Botânico.

Vimos nesse museu muitas obras, difíceis de serem descritas devido à quantidade e à complexidade. Procuramos focar naquelas consideradas imperdíveis e mais famosas. Como narradora desta viagem, fiz alguns registros das "obras recomendadas" e das que chamaram a nossa atenção, como por exemplo, a Escultura de Ariadne adormecida. Ariadne é famosa na mitologia grega como a princesa de Creta, apaixonada por Teseu, que o ajudou a vencer o Minotauro, mas foi abandonada por ele numa ilha deserta. A escultura é uma cópia romana do século II d. C. construída a partir de um original grego do século II a. C.

Do lado oeste, entrando pela Porta de Velázquez, admiramos pinturas italianas de: Tintoretto, Veronés, Bassano, Moroni e Ticiano Vecellio. Em outro ponto, observamos as obras de Goya que ocupam dois pisos do Museu. Essas foram algumas de suas produções que nós apreciamos: Três de maio em Madri e Dois de maio em Madri, da série sobre o levante de Madri; A família de Carlos IV; Saturno devorando um filho (um quadro horripilante que faz parte do conjunto de suas pinturas negras); O guarda sol (linda pintura representativa do romantismo); A Maja nua e A Maja vestida (duas de suas obras mais conhecidas, consideradas como as "Mona Lisa" de Madri).

Notamos que as pinturas de Goya possuem um caráter variado e retratam o lúdico, a nobreza, a religião, o sensual, o sarcasmo, a crítica e a irreverência, sendo esta última bem marcante nas pinturas negras. Há uma sala destinada a esse conjunto de pinturas, assim denominadas por causa do uso de tintas escuras e pelos temas sombrios e grotescos retratados.

Já Velázquez se dedicou a registrar cenas palacianas e ficou conhecido como pintor da corte do rei Felipe IV. O autor pintou também obras de cunho religioso e seu trabalho é marcado por fortes traços de realismo e pela técnica de "luz e sombra".

Eis algumas de suas obras expostas no Prado: Jesus crucificado, A Adoração dos Reis Magos, A Rendição de Breda, As Fiandeiras, O deus Marte, Retrato equestre do príncipe Baltazar Carlos, dentre outras. Chamou a nossa atenção a série de retratos equestres pintados por Velázquez, incluindo homens, mulheres e até crianças cavalgando. Mas a pintura considerada obra prima do autor é uma grande tela em estilo barroco, intitulada "As meninas", situada numa parede de frente, numa das maiores salas do museu. A tela contém várias representações, não só de crianças logo no primeiro plano, mas de personagens realizando ações, incluindo o rei Felipe e pessoas que circulavam no palácio. O curioso nesta obra é que existe um autorretrato do próprio Velázquez do lado esquerdo da tela, com o seu material de trabalho nas mãos.

El Greco, outro pintor que se ocupou de criar várias obras de caráter religioso, também está presente no Museu do Prado. A Santíssima Trindade, A Adoração dos Pastores (uma tela onde o artista pintou personagens longilíneos), Cristo carregando a cruz e A Fábula (uma pintura alegórica), são alguns de seus trabalhos expostos nesse museu.

Saindo do Prado, fomos ao **Museu Thyssen-Bornemisza** que possui mais de 700 obras de um acervo particular do barão de Thyssen, que morreu em 1947. A coleção, que tinha sido dispersa com a venda de algumas peças, foi de novo reunida pelo filho dele e por sua mulher, tendo sido colocada à disposição para visitação desde 1992. Esse museu é bem menor que o do Prado, mas vale a pena visitá-lo porque é mais compacto, sendo possível gastar menos tempo na visita e conhecer os grandes nomes da pintura.

Para visitar o Museu Thyssen pode-se comprar ingressos parciais, por piso, de acordo com o interesse do turista. O museu possui obras do século XIII ao século XX, distribuídas em um prédio de três andares. Destacam-se as pinturas do período renascentista, da escola flamenga e holandesa.

Eis uma pequena parte do acervo do Thyssen que visitamos: Tintoretto (O Paraíso), El Greco (A Anunciação), Caravaggio (Santa Catarina de Alexandria), Ghirlandaio (Retrato de Giovanna Tornabuoni, que representa uma jovem que morreu ao dar à luz), Murillo (A Virgem e o Menino com Santa Rosa de Viterbo), Ticiano (São Jerônimo penitente), Rembrandt (Autorretrato).

É possível admirar também outros pintores como: Rubens (Vênus e Cupido); Van Gogh (Paisagem ao entardecer); Kandinsky (com suas telas de casarios e algumas formas abstratas); Degas (Bailarina em verde); Canaletto (com obras nas quais predominam as paisagens de canais como a Praça de São Marcos em Veneza) e Picasso (Arlequim com espelho). O museu congrega categorias diferentes de pintores, desde os grandes mestres, até os impressionistas e modernos.

Na entrada do Thyssen, ao lado da recepção, há

uma loja que comercializa produtos com a marca do museu e a impressão de fotos das obras expostas. Achei tudo muito caro!

Para completar o circuito dos museus, visitamos o **Centro de Arte Reina Sofia**, que possui uma abundante coleção de obras de arte moderna. O nome do museu é uma homenagem à mulher do Rei Juan Carlos, que reinava na época em que estivemos lá (2001). Nesse espaço, vimos as obras de Picasso, Juan Gris, Pablo Gargallo, Joan Miró e outros. O museu possui elevador panorâmico, sendo um local bastante agradável.

Sobre as obras de Picasso vistas no Reina Sofia, diria que a de maior destaque é Guernica (a mais famosa), ocupando quase uma parede inteira numa das salas do Museu. Foi a única obra deste museu que estava protegida por cordas ao seu redor para evitar a aproximação dos visitantes. Observamos nas obras de Picasso uma grande ênfase na parte da cabeça, inclusive com a expressão de choro. Há obras desse autor sem título (uma sala inteira).

De Juan Gris, um representante do "Cubismo", guardamos a imagem de suas pinturas com muitas linhas retas, geométricas, cores fortes, sem perspectiva, retratando sua predileção por objetos musicais e natureza morta. São exemplos de suas obras no Reina Sofia: A mesa do músico, Violino e guitarra, A janela aberta, Retrato de Josette, As uvas, A garrafa de vinho, O violino e O livro de música.

De Pablo Gargallo, as esculturas que nos marcaram foram: Máscara de Greta Garbo (1930) e

Gran Profeta (1933), ambas em bronze.

Contemporâneo de Picasso e Salvador Dali, Juan Miró é considerado um mestre do surrealismo. No Museu Reina Sofia encontra-se um grande acervo de suas obras, sendo uma das mais visitadas a obra intitulada Cabeça e Aranha. Apreciamos também a pintura Caracol, Mulher, Flor e Estrela. No jardim do museu há uma escultura de Miró identificada como O pássaro lunar.

As visitas aos museus são um programa imperdível para quem se interessa pela arte, história e cultura retratadas por autores de diversos países e reunidas num só local.

E por falar em arte, minhas lembranças se dirigem à "arte culinária". Nosso primeiro almoço em Madri foi num restaurante ao lado do Hotel onde nos hospedamos: ambiente agradável, comida farta, atendimento ótimo. O tradicional nesta cidade é servirem dois pratos, tipo entrada e prato principal, só que a fartura do primeiro prato, por si só, preenche as necessidades de qualquer pessoa.

Agimos como os espanhóis e, seguindo a tradição, como primeiro prato, pedimos *cabracho del chef'* (bolinho de peixe com um molho semelhante a maionese). Delicioso! Ficamos muito satisfeitos, mas já havíamos pedido o segundo prato que foi servido no capricho. Respiramos fundo, rimos para descontrair e começamos a saborear o *salmon a la prancha com salsa tártara.*

Aprovamos totalmente essa primeira escolha do cardápio. Diríamos em bom espanhol que a comida servida estava *exquisita* (saborosa). Só não foi possível experimentar a *postre* (sobremesa), pois nosso estômago dava sinais de estar satisfeito por uma semana!

****

No dia seguinte, permanecemos em Madri, considerada a capital mais verde entre as capitais europeias, principalmente pela Casa de Campo que corta a cidade no sentido norte-oeste tendo mais de 17 Km de área verde. Fizemos o tour oficial e conhecemos os companheiros de excursão. O guia chegou ao hotel na hora marcada e fez a conferência dos nomes, nos dando acesso ao ônibus. Nosso passeio incluiu alguns pontos que já tínhamos visto no dia anterior durante o passeio realizado por conta própria, em ônibus panorâmico.

No roteiro realizado com o guia, apreciamos os seguintes pontos turísticos:

- Porta de Toledo: possui três arcos e esculturas na parte mais alta representando o poder da monarquia espanhola.

- Igreja São Francisco El Grande: Erguida entre 1761-1784, possui cúpula com 33 metros de diâmetro e o seu prédio foi utilizado como quartel militar (1835).

- Casa de Campo: contém um zoológico com mais de 2.000 animais e é considerado o "pulmão" da cidade pela extensa área verde.

- Palácio Real: considerado o maior palácio da Europa, foi construído em 1737 por Felipe V, no lugar de uma fortaleza árabe que tinha pegado fogo três anos antes. O palácio dispõe de 2.800 aposentos e é também conhecido como Palácio do Oriente. Não tivemos oportunidade de visitá-lo.

- Plaza de Oriente: uma extensa praça retangular, situada na lateral do Palácio Real. No centro da praça, encontra-se a estátua de Felipe IV. Os jardins da praça formam desenho semicircular com caminhos pelo centro. Em um deles encontram-se várias estátuas de reis da Espanha da Idade Média. Do lado oposto da praça está o Teatro Real. Há muitos restaurantes e cafés no entorno.

- Instituto Italiano de Cultura: situado na Calle Mayor.

- Plaza de La Villa: próxima à Plaza Mayor, à Catedral de Almudena e ao Mercado S. Miguel, a praça é rodeada de um conjunto de construções da Idade Média bem conservadas. Nesta pequena praça o prédio da Casa de la Villa divide espaço com a Casa de Cisneros e a Torre de Los Lujanes. A Casa de La Villa já serviu de cadeia e prefeitura.

- Plaza Mayor: foi sede de touradas e inquisições e atualmente abriga cafés, lojas típicas e residências de alguns privilegiados. A Plaza Mayor possui 114 arcos e 377 balcões. Mede 120 m x 90 m. Seu nome oficial é Plaza de La Constitucion.

Nessa área avistamos muitas ruas estreitas. Saindo da Plaza Mayor, continuamos admirando as fachadas de monumentos e a harmonia das praças. Nessas vistas panorâmicas não paramos para fotos. O que conseguimos registrar foi de dentro do ônibus. Prosseguimos o nosso passeio, desfrutando da paisagem urbana madrilenha, apreciando tudo à distância:

- Monumento a Carlos III: situado no centro comercial de Madri, onde há um terminal de ônibus.

- Parlamento Espanhol: sede do Congresso de deputados

- Triângulo de Ouro da Arte: área onde estão situados os museus do Prado, Reina Sofia e Thyssen Bornemisza os quais visitamos no dia anterior.

- Fonte de Netuno: o motorista fez um giro completo para que pudéssemos ver de outros ângulos a fonte do deus do mar. É uma área muito bonita, mas o tráfego é intenso nesse local, sendo difícil parar para ver a fonte de perto.

- Jardim Botânico: foi fundado em 1755 pelo rei Fernando VI e instalado perto do rio Manzanares. Mas Carlos III o transferiu para o local atual, perto do Paseo del Prado. O jardim se destaca pela beleza das espécies plantadas formando desenhos geométricos.

- Estação de trem Atocha: enorme construção em ferro e vidro. Possui um jardim tropical de 2.000 metros, que inclui palmeiras. Fica em pleno centro da cidade e sua fachada principal é muito bonita.

- Glorieta Carlos V: situada na praça em frente à Estação Atocha e o Ministério da Agricultura.

- Calle Cláudio Moyano: nessa rua há barracas de

madeira onde são vendidos livros antigos. Deixamos o Passeio do Prado para seguirmos em direção ao Parque do Retiro.

- Parque do Retiro: até o século XVIII este parque era particular e fazia parte do jardim do Palácio Real. Dentre suas atrações está o Palácio de Cristal, uma espécie de estufa para exibir plantas exóticas. Dentro do parque já existiu um cemitério, que foi construído por ordem de Carlos III com a finalidade de reservar um espaço para o descanso eterno dos funcionários do parque. Não se sabe ao certo o que foi feito dos restos mortais existentes nesse lugar depois das reformas que o parque já sofreu.

- Porta de Alcalá: possui cinco arcos de pedra e granito e dez colunas. É um dos símbolos de Madri e foi encomendada por Carlos III para ser a principal entrada da cidade na época em que havia muralhas ao seu redor.

- Calle de Alcalá: nessa via situa-se o monumento ao Pacificador, com sacadas lindíssimas. É uma das principais vias da cidade, com um comércio variado. Vale a pena andar a pé nessa área e admirar a bela arquitetura.

- Rua Marques de Salamanca: situada no bairro com o mesmo nome, fica próxima às vias José Ortega Y Gasset e a Príncipe de Vergara e acolhe vários bares e restaurantes.

- Plaza de Toros: aberta em 1934, é considerada como uma importante arena de touradas do mundo, com o maior recinto desse gênero na Espanha e ocupando o segundo lugar a nível mundial, ultrapassada apenas pela Plaza de Toros no México.

- Calle de Velázquez: começa na Calle de Alcalá, em frente ao Parque do Retiro e vai até à avenida doutor Arce. É considerada uma das vias mais aristocráticas do bairro de Salamanca.

Entramos na parte nova de Madri, construída entre 1950 - 1960. É uma área bonita, com construções modernas. Seguimos através de ruas e praças:

- Calle Joaquim Costa: onde avistamos a Embaixada da Tailândia

- Estádio Santiago Bernabéu (do Real Madri): inaugurado em 1947, o estádio está situado no Paseo de La Castellana, em frente ao Palácio Municipal de Exposições e Congressos.

- Plaza San Juan de La Cruz: uma linda praça, com uma grande fonte, situada no Paseo de La Castellana.

- Paseo de La Castellana: é uma das mais largas avenidas da capital espanhola, com seis faixas centrais e mais quatro laterais. Vai desde a Plaza de Colón até o norte da cidade, ligando-se à estrada M-30.

- La Mano (Mão de Botero): escultura do colombiano Fernando Botero, artista famoso pela criação de figuras rechonchudas. A "Mão" foi escolhida pelos madrilenhos para ser colocada no Paseo de La Castellana, após uma exposição do artista em 1994.

Vimos muitos hotéis de luxo e inúmeros edifícios e monumentos grandiosos, obrigando os nossos olhos a passearem rapidamente de um lado para outro, sem processar cada objeto visto. Naquele instante, anotei somente os nomes, sem me preocupar com sua descrição. Seguimos ouvindo o guia e admirando a beleza da cidade. Mais adiante divisamos outros prédios e monumentos:

- Museu Sorolla: local onde morou o maior pintor impressionista espanhol, Joaquim Sorolla (1863-1923). A mulher Clotilde doou ao Estado a casa para ser transformada em museu, sendo aberto ao público em 1932. É uma casa de 2 andares, onde cada espaço é dedicado a um aspecto da obra do pintor.

- Hotel Villa Magna: de acordo com o guia esse é um dos hotéis elegantes dessa área, com uma culinária requintada. Está situado no Paseo de La Castellana, sendo uma boa opção para quem pode pagar para ter essa comodidade.

- Biblioteca Nacional: está situada no edifício que abriga além da Biblioteca, o Museu Arqueológico Nacional. Os dois ocupam um prédio com fachada neoclássica e pórticos com oito colunas. A Biblioteca tem 4 milhões de livros recebendo, a cada ano, 120 mil novos livros. O Museu Arqueológico contém uma variedade de utensílios e obras de arte, pinturas, retratos de diferentes culturas do Mediterrâneo, em ordem cronológica, cobrindo desde o período pré-histórico até o século XIX.

- Plaza de Colón: consideramos essa praça a mais bela de Madri, sobretudo à noite quando a iluminação torna o local paradisíaco. Na praça existe um monumento com 17 metros de altura, tendo no topo uma escultura branca de Colombo medindo 3 metros de altura. Nessa área também foram construídas as Torres de Colón, um edifício comercial com torres gêmeas tendo 116 metros de altura e 23 andares.

- Jardins Del Descubrimiento: situados na Plaza de Colón, esses jardins possuem 52.000 m² e foram criados para celebrar o papel da Espanha na descoberta do Novo Mundo.

Num nível abaixo dos jardins, encontra-se o Centro Cultural de La Villa de Madri, com proteção de uma cortina d'água, tão bela quanto a da Plaza de Colón.

O ônibus seguia e nós avistamos quiosques ao longo da avenida, na parte central. E como não podíamos perder nada de importante nessa panorâmica, prosseguimos contemplando as praças e vias:

- Praça de La Cibeles: ocupando boa parte desta linda praça está o grandioso prédio dos Correios. Nessa praça ainda se encontra o Banco da Espanha.

- Gran Via: eu e Visi passamos três vezes por esse local no passeio realizado no dia anterior. Achamos tudo tão bonito que repetimos o percurso a ponto de já saber, de antemão, qual seria a próxima atração. Na confluência da Gran Via e da Calle de Alcalá está o edifício Metrópolis, um majestoso prédio de escritórios inaugurado em 1911.

Na Gran Via, há muitos cinemas, lojas, hotéis, restaurantes, cafés, teatros e casas noturnas. É a principal via de Madri e estende- se desde a Plaza de Espanha até a Plaza de La Cibeles. Uma sugestão para quem gosta de caminhar é seguir esse trajeto e aproveitar para admirar a bela arquitetura da região. No meio do caminho vai se deparar com a Plaza Del Callao e as ruas de pedestres: Calle de Preciados e Calle Del Carmem, onde há um bom comércio. Resumindo, nessa via há um "menu" completo para viajantes insaciáveis.

Outros pontos turísticos também fizeram parte do nosso roteiro panorâmico em Madri:

- Cidade Universitária: conhecida como Campus da Moncloa, onde estão instaladas as faculdades e escolas superiores da Universidade Complutense de Madri, considerada uma das mais prestigiadas universidades europeias.

- Parque do Oeste: próximo à Cidade Universitária, esse parque é considerado o melhor lugar da cidade para um passeio ao pôr do sol, embora seja menos frequentado do que o Parque do Retiro. Possui um teleférico que vai até a Casa de Campo.

- Templo de Debod: um templo egípcio do século IV, construído em homenagem ao deus Amon. Está situado na esquina do Parque do Oeste e perto da Plaza de Espanha.

- Plaza de Espanha: no centro da praça há uma fonte desenhada por Miguel de Cervantes com uma estátua do próprio autor de frente para as estátuas de Don Quixote e Sancho Pança. Em volta da praça há muitos monumentos, jardins e edifícios, entre eles, o

Edifício Espanha com altura de 117 metros e a Torre de Madri.

Passamos toda a manhã com o grupo de excursionistas fazendo o roteiro guiado. À tarde, resolvemos dar um giro por conta própria. Pegamos o metrô e fomos ao Parque do Retiro, onde nos divertimos e tiramos fotografias. Visitamos a "Casa das Vacas" que é um local de exposições dentro do parque.

Depois fomos conhecer o interior da Plaza Mayor. Tiramos foto perto da estátua de Felipe II, tomamos sorvete e passeamos pelas lojinhas que vendem produtos típicos da Espanha e lembrancinhas da cidade. Um objeto comprado frequentemente por turistas como souvenir é o urso de pé junto a uma árvore, como se estivesse beijando-a. Ele representa o brasão de Madri.

Chegamos à Porta do Sol onde foi registrado, em 1950, o marco do km "0" de Madri, no sistema rodoviário do país. Como todo bom turista, fizemos questão de pisar sobre a placa com a inscrição "km 0".

Nesse dia, o nosso almoço foi moderado, seguindo o tradicional pedido de 1º e 2º pratos, mas para servir duas pessoas. Foi o bastante para atender nosso apetite. Pedimos como sobremesa, por sugestão do garçom, *natilhas*. Parece uma canjica e tem gosto de mingau de cremogema. Não gostei. Visi ficou satisfeito. O casal uruguaio, que faz parte da nossa excursão, almoçou na mesa ao lado da nossa, pediu a mesma sobremesa e aprovou.

É difícil descrever Madri. Deparamo-nos com muita coisa bonita que só foi possível registrar com os olhos e o coração. Isto vale como um convite a quem não conhece a cidade para procurar inclui-la nas viagens pela Europa. Há opções disponíveis para todos os gostos, conforme pude ler nos folhetos do hotel:

Existe a "Madri Medieval" que se pode conhecer a pé. Iniciando na Plaza de La Villa, seguindo pela Puñorrostro, Travessia Del Conde, Calle de Segóvia, Plaza Del Alamillo, chegando ao bairro da Moreria. Dirige-se à Plaza de La Paja, depois à Costanilla de San Andrés, Costanilla de San Pedro, parando em algum café para um descanso.

Pode-se incluir ao roteiro a Madri dos "Habsburgos". Saindo da Plaza Mayor, passa pela Plaza de La Villa, San Pedro el Vejo, San Andrés, Plaza de La Paja e segue pela San Nicolas de Los Servitas, Monastério de La Encarnacion, chegando ao Convento de Las Descalzas Reales. Neste convento as visitas precisam ser agendadas e guiadas.

Ao escolher a "Madri dos Bourbons" é possível ir à Plaza de Santa Ana, ao Museu Del Prado, a San Jerônimo el Real, à Plaza da La Lealtad e ao Café do Prado. Depois visita o Museu Thyssen, ou Reina Sofia, ou ambos. Em seguida, vai ao Parque do Retiro, à Puerta del Alcalá, Plaza de La Cibeles, Fuente de Neptuno e Paseo de La Castellana. Como ninguém é de ferro, faz uma pausa para uma água, um café ou aperitivo.

Do outro lado da cidade, pode-se conhecer: a

Plaza de Oriente, a Muralha Árabe, os Jardins de Las Vistillas, a Catedral La Almudena e o Palácio Real. Senta-se no jardim do Palácio para recompor o ânimo e depois se dirige ao Museu Cerralbo, à Plaza de Espanha e à Ermita de San Antonio. Complementa o roteiro indo ao Parque do Oeste, à Casa de Campo e ao Templo de Debod. Medita no interior do templo e depois escolhe para onde ir, se sobrar tempo.

Quem preferir, pode ir ao "Noroeste da Porta do Sol". Saindo da Calle Arenal, passa pela Porta do Sol, Real Academia de Belas Artes, Jardins do Descobrimento, Palácio de Bibliotecas e Museus. Na Calle Serrano e na Calle José Ortega y Gasset faz algumas compras. Depois do almoço, pega o metrô para Ruben Dario. A seguir, pode ir ao Museu Sorolla e depois ao Museu Lazaro Galdiano.

Ou vai aonde quiser, porque Madri é linda em qualquer parte. Nós conhecemos um pouco de cada uma dessas "Madri", ficando o restante para a próxima viagem.

É aconselhável fazer como os espanhóis, que andam nas ruas, de café em café, tomando vinho, chope, suco, água e degustando petiscos que eles chamam de *"tapas"*, ou tomar chocolate e comer churros. Qualquer que seja a escolha, não vai faltar pretexto para justificar as perambulações pelas manhãs, tardes e noites madrilenhas.

Dizem que dentre as capitais europeias, Madri é a que possui maior número de bares e três prazeres definem os espanhóis: o prazer de comer, o prazer de beber e o prazer de conversar. O foco da agitação é o centro histórico, que tem prédios antigos, lindas praças, monumentos grandiosos e ruas estreitas. As atrações durante o dia são o triângulo dourado composto dos três museus: Prado, Reina Sofia e Thyssen. Durante a noite é o *happy hour* que acontece a partir das 20 horas, sem limite para terminar.

De acordo com o guia, há algumas curiosidades em Madri para contar aos visitantes. Pode acontecer de haver alguma mudança, já que esta informação é de 2001, época dessa viagem: Não há linha de ônibus com o número 13; Madri perdeu os restos mortais de Velázquez, Lope da Vega e Cervantes. De Goya, a cidade guarda o esqueleto, mas falta a cabeça.

A capital espanhola imprimiu sua marca em nossos corações, por ser uma cidade cheia de glamour e simpatia, um capítulo especial para o turista brasileiro, pelos atrativos que apresenta. É uma cidade movimentada durante o dia e à noite. Pode-se desfrutar da Madri medieval, mas também da Madri dos jardins, parques e monumentos maravilhosamente iluminados.

É fácil circular na cidade. O sistema de transporte é bom, de ônibus ou metrô. É possível economizar comprando bilhetes para dez viagens. Para o turista, existe ainda o ônibus circular que faz três rotas diferentes passando pelos pontos principais. Um mesmo bilhete pode ser usado por um dia nos três ônibus, de acordo com o interesse de cada pessoa. É uma opção barata e que garante tranquilidade, dando conforto àqueles que não gostam de andar a pé. Pode descer no ponto que interessa e voltar ao ônibus quando quiser.

O *jamon serrano* (presunto curado) é famoso, existindo casas especializadas no ramo. Entramos numa dessas casas para comprar água mineral, perto do Passeio do Prado, e vimos presunto pendurado desde a entrada, ocupando todo o teto da loja.

É tranquilo lidar com o madrilenho. Aparentemente grosso, não se deve ficar impressionado com os modos bruscos, pois estes modos são considerados como "peculiaridades". Interessante esta forma de encará-los. Se estivéssemos no Brasil, sobretudo na Bahia, diríamos que brasileiro (ou baiano) é mal educado. Será que não dá para maneirar um pouco quando interpretamos o estilo genuinamente brasileiro?

A língua espanhola é fácil, basta saber algumas frases para utilizar no convívio com os madrilenhos: buenas tardes; buenas noches; buenos dias, ou olá; hasta luego; gracias; cuánto es; servicio (banheiro); habla más despacio (fale mais devagar); puede decirme por dónde se vá a ... e assim por diante. Com um pouco de esforço dá para fazer todos os passeios e se divertir à vontade.

O progresso da Espanha e o turismo mais econômico do que no resto da Europa são pontos positivos para se visitar o país. A Espanha tem uma posição geográfica que agrada aos brasileiros: é perto de Portugal, o que pode servir de estímulo para uma visita às terras portuguesas. A Espanha fica perto da África num dos extremos do continente europeu, ocupando parte da Península Ibérica.

Madri possui muitos destaques, devendo-se visitá-la com o coração aberto pois, ao lado do que já se descobriu, pode esconder-se o inexplorado.

Viajantes na estrada

No dia seguinte bem cedo, começou nossa excursão pelas estradas de cinco países. Deixamos Madri, saindo do hotel às 8 horas e 10 minutos e viajamos o dia inteiro até Bordeaux, cidade francesa, onde dormimos. Nesse trajeto, passamos por alguns vilarejos e cidades espanholas.

O guia, um espanhol jovem, com idade aproximada de 35 anos, se apresentou e pediu que cada viajante fizesse o mesmo. Havia companheiros do Chile, da Argentina, do Uruguai, do Equador e do México. Do Brasil, além de nós (eu e Visi) havia pessoas de São Paulo, do Rio de Janeiro e de Santa Catarina. As pessoas viajavam em dupla, em geral, marido e mulher. Cerca de oitenta por cento tinha idade acima dos 40 anos, inclusive nós.

Logo após as apresentações, o guia preparou o nosso espírito para aceitar o tratamento que receberíamos noutros países. Alertou para o fato de que um eventual tratamento grosseiro emerge como peculiaridade do país e não como falta de educação ou ofensa.

Aproveitou também para fazer dois alertas relativos aos comportamentos que deveríamos adotar dentro do ônibus durante todos os dias da excursão:

- Não era permitido alimentar-se dentro do ônibus, excetuando beber água.

- Não havia banheiro dentro do ônibus. As paradas seriam de 2 em 2 horas, aproximadamente. Mas, havendo necessidade nesse intervalo, deveríamos avisar.

A partir de então, comecei a fazer anotações de características dos lugares por onde passávamos. Havia muito tempo para escrever, porque seriam muitas horas dentro do ônibus. Não daria para dormir o tempo todo, apesar do embalo proporcionado pelo suave movimento do ônibus deslizando pelas rodovias bem cuidadas.

Seguíamos serenos, cruzando a Serra de La Pedrera, a 50 km da capital espanhola. Havia pouca vegetação nessa região, que é considerada uma das mais áridas da Europa. A indicação de retorno na pista era pela placa "cambio de sentido", aviso que apareceu dezenas de vezes devido ao longo percurso realizado por nós.

Nesse trajeto, que era o começo de uma longa excursão, adotei a estratégia de alternar a ação de escrever e a postura de relaxar de olhos fechados. Às vezes, dava uns cochilos, outras vezes conversava com Visi, quando ele se permitia ficar acordado.

Depois de alguns quilômetros percorridos chegamos na fronteira de **Castilla Y León** (Castela e Leão), que se estabeleceu a partir da união do antigo reino de Castilla com o de León. Castilla fica no norte da Península Ibérica, a noroeste da Espanha e consiste predominantemente de um planalto cercado de montanhas. Em termos de área geográfica é considerada como a maior comunidade autônoma do país, tendo uma das maiores divisões políticas. A região é considerada como a que apresenta mais bens patrimoniais da humanidade no mundo, tendo como atrações castelos mobiliados do século XII e diversas catedrais em estilo gótico. Torna-se um destino turístico interessante por suas atrações culturais e históricas e a beleza das paisagens.

A Espanha possui, além de Castilla Y León, mais 16 comunidades autônomas: Andaluzia; Aragón; Principado das Astúrias; Canárias; Cantábria; Castilla-La Mancha; Catalunha; Comunidade de Madri; Comunidade Valenciana; Extremadura; Galiza; Ilhas Baleares; Comunidade Foral de Navarra; Região de Múrcia; País Basco e La Rioja. As comunidades autônomas são regiões territoriais dotadas de autonomia legislativa e de competências executivas, com poder de se autoadministrar mediante representantes próprios. Cada "comunidade" corresponde a uma região territorial e compreende uma ou mais províncias, num total de 50. Por sua vez, cada "província" é composta de um número variável de "municípios", que são as unidades territoriais básicas, totalizando mais de 8.000 em todo o território espanhol.

A região de Castela e Leão é composta das províncias: Ávila, Burgos, León, Palencia, Salamanca, Zamora, Segovia, Soria e Valladolid, que é a capital dessa comunidade. Enquanto ouvíamos essa explicação sobre a organização territorial da Espanha, chegamos a Burgos.

Burgos

Esse município da província com o mesmo nome, na comunidade de Castela e Leão, foi durante muito tempo sua capital. A entrada da cidade é cruzando o rio Arlanzón. Há um portão da cidade antiga que é representado pelo Arco de Santa Maria. Passamos por uma ponte sobre o rio, depois pelo arco, onde havia uma banda de música tocando no momento de nossa passagem por ali. Depois do Arco, chegamos à praça da Catedral.

A Catedral de Santa Maria Mayor de Burgos, declarada como Patrimônio da Humanidade pela Unesco, é considerada a terceira maior catedral da Espanha, depois de Sevilha e Toledo e a que tem características mais góticas da Europa. É uma catedral enorme e sua construção foi inspirada em modelos de catedrais francesas. Tem influência islâmica, o que pode ser observado no formato das pedras que a ornamentam com desenhos de símbolos islâmicos.

O guia chamou a nossa atenção para a capela do Santo Cristo (primeira à direita de quem entre na catedral), cuja imagem, segundo uma lenda, foi encontrada no mar em um galeão sem tripulação. É uma imagem do ano 1.300, ou seja, possui mais de 700 anos. Até o século XIX esta imagem permaneceu no Convento dos Eremitas de Santo Agostinho. A escultura é articulada e é coberta de pele. O cabelo e as unhas são humanos, constando no imaginário popular que eles não param de crescer.

O grande destaque da cidade é a Catedral, que tem suas paredes internas completamente desenhadas. Segundo o guia, esta era a forma encontrada na época (1221) para contar a história bíblica à população analfabeta.

Além da área da igreja, a catedral possui um claustro, onde os religiosos fazem suas leituras e se recolhem para meditação. O claustro, que se comunica com vários outros espaços religiosos, possui um grande pátio central com árvores frutíferas e uma fonte de água no centro. A partir do claustro se tem acesso ao Museu Catedrático, que abriga muitas obras de arte, incluindo objetos litúrgicos, esculturas e pinturas.

Saindo da catedral, fizemos o tradicional tour pela cidade passando pela Plaza Mayor, uma praça diferente da maioria vista em nossas excursões, pelo seu formato irregular. Nessa praça encontra-se o prédio da prefeitura. Na área central avistamos ainda o Paseo del Espolón, um calçadão arborizado, entre as pontes de San Pablo e Santa Maria, e que é considerado o mais representativo dos jardins da cidade.

Burgos possui casas medievais, praças e parques. O museu municipal funciona na Casa Miranda - uma casa medieval. Na periferia da cidade, encontra-se o Convento da Las Huelgas (século XII), onde os reis eram coroados e enterrados.

Saímos de Burgos, trafegando pela rodovia E-80. Seguimos por uma região rochosa e em pouco tempo cruzamos três túneis seguidos. Apesar das características da região, observamos muitas plantações de girassóis enfeitando campos imensos, matizados de verde e amarelo. Chegamos a Miranda de Ebro, onde almoçamos.

Miranda de Ebro

Miranda de Ebro é um município da província de Burgos, sendo a segunda cidade mais populosa da região de Castilla, ficando atrás apenas da capital, Burgos. Possui forte marca industrial com indústrias químicas e de papel. Para quem deseja conhecer a cidade, as melhores atrações são: o Castelo de Miranda de Ebro, a Igreja dos Sagrados Corazones, O Salto de Nervion e a Fortaleza de Santa Efigência.

Seguimos estrada adiante e eu acabei dormindo depois do almoço. Acordei atordoada sem saber onde estávamos. Muitas pessoas também dormiam, enquanto descíamos a serra (que serra!) e lá fora, homens, carretas e tratores trabalhavam alargando a pista. Os veículos andavam numa velocidade de 40 km/h e ninguém ultrapassava. O trecho que estava sendo alargado era extenso e o ônibus andava devagar. Passamos por uma fábrica de guindastes - a Gruas Torre.

Enquanto seguíamos nesse ritmo vagaroso, eu aproveitava para observar como a natureza tinha um verde muito vivo, havendo, em alguns trechos, uma perfeita harmonia de dois tons de verde. Essa era, sem dúvida, uma natureza privilegiada.

Depois de alguns quilômetros, cruzamos o **País**

Basco, região localizada no extremo norte da Espanha e sudoeste da França, cortada pelas montanhas dos Pirineus. O País Basco representa uma comunidade autônoma com fortes tradições culturais, uma culinária marcante e um idioma distinto. Fazem parte do País Basco espanhol cidades como: Gasteiz, Bilbao, San Sebastian, Irun, Hondarribia, Getaria, Zumaia, Laguardia, Zarautz, Bermeo e outras. Estávamos nos avizinhando de Gasteiz.

Vitória-Gasteiz ou simplesmente Gasteiz (em basco) é um município que pertence à comunidade autônoma do País Basco, província de Álava, da qual é capital. Embora não seja oficialmente a capital do País Basco, Gasteiz funciona como sede do governo e do parlamento bascos. Durante muito tempo a cidade foi um importante ponto estratégico no plano militar, comercial e cultural da região.

Gasteiz é uma cidade com muito verde, jardins bem cuidados e ruas que mantêm seu traçado medieval. O destaque da cidade são os monumentos, os edifícios históricos e os museus. Quem visita o município pode admirar a praça da Virgem Branca onde existe uma estátua que celebra a independência da cidade. Também existem outras atrações que merecem ser visitadas: a Catedral Velha de Santa Maria, a Basílica de São Prudêncio de Armentia, o Portalón, o Paseo de la Florida e o Museu de Belas Artes.

Prosseguimos por uma pista de vale, em velocidade normal. A nossa passagem em meio às construções levantou muita poeira que entrou no ar-condicionado do ônibus, fazendo com que minhas narinas e minha garganta sentissem desconforto e meus pulmões pedissem mais ar.

Do outro lado da pista, paralelamente, na mesma direção que seguíamos, passou um trem bem veloz. Nessa região, o trem é um meio de transporte corriqueiro. Existem muitas ferrovias, assim como túneis, diversamente do que ocorre no nosso Brasil.

Ingressamos numa região onde havia menos aglomeração urbana e diminutas aldeias. O norte da Espanha (Bilbao, as montanhas ao norte de Aragon, incluindo o país Basco e Navarra, nos Pirineus) toda essa área é notável pela sua diversidade, além de possuir alguns dos terrenos mais escarpados da Europa. O norte da Espanha tem muita água, mas não é fértil, por isso não interessou aos romanos. Ao contrário do norte, a região sul não tem tanta água, mas é fértil. É uma contradição.

No nosso trajeto passamos por muitos vilarejos e nos avizinhamos de grandes cidades. Havia lugares pitorescos, com calçadas largas e bem ordenadas, jardins coloridos, podendo-se aquilatar o capricho da natureza e a consciência humana em cada lugar.

Estávamos nos aproximando de **Bilbao**, que pertence à província de Biscaia, sendo a cidade mais populosa do País Basco do qual é a capital. Cidade portuária industrial, no norte da Espanha, rodeada de duas cadeias montanhosas com altitude de quase 400 metros que servem de limite natural da localidade.

Desde a sua fundação no ano 1.300 a cidade se caracterizou como um grande centro comercial na região, pela atividade portuária na exportação de lã e de ferro oriundo das minas a céu aberto. No século XX houve um incremento de sua industrialização, em virtude da exploração metalúrgica. A cidade ocupa a quinta área metropolitana da Espanha em número de habitantes, possui o porto mais importante do país e conta com muitos edifícios arranha-céus no seu centro.

As placas de sinalização indicavam a aproximação de **San Sebastián** que é quase um estado independente da Espanha. Cidade turística na Baía de Biscaia, pertence ao País Basco espanhol, possui indústria de ferro e de carvão. No passado, a cidade foi porto pesqueiro e comercial, tendo sido elevado a resort marítimo real em meados do século XIX. A cidade possui poucos monumentos históricos, mas tem muitos palacetes e prédios da "belle époque", sendo considerada uma das cidades mais bonitas da Espanha.

Os nomes grandes e estranhos que aparecem nas placas rodoviárias são nomes bascos. O basco é um dos mais antigos idiomas. Originou-se no norte da África, segundo alguns historiadores. Segundo outros, sua origem vem de outras regiões. Cerca de 25% das pessoas em San Sebastian falam o basco. É um idioma que, ao ser falado, descreve a ação. Por isso, as palavras às vezes são grandes e, quase sempre, esquisitas. Os exemplos de palavras bascas apresentadas pelo guia nos tiraram do sério.

Entre risos, chegamos a **Irun**, outra cidade do País Basco espanhol que pertence à província de Guipúscoa. Faz fronteira com a França, estando separada desse país pelo rio Bidasoa. Não existe apenas uma área histórica em Irun, pois os restos desta estão espalhados por toda a cidade, em decorrência de um incêndio ocorrido em 1936, que destruiu grande parte do seu patrimônio. Um dos pontos turísticos interessantes da cidade é a Ilha dos Faisões, também conhecida como Ilha da Conferência, que se localiza na foz do rio Biodosa e sua administração é alternada a cada seis meses entre a cidade espanhola de Irun e a francesa de Hendaye.

Saímos do País Basco espanhol, seguindo pela rodovia AP-63. Passada a fronteira, adentramos no País Basco francês, estando a uma distância de 212 km de Bordeaux. Nessa região, há produção dos mais famosos vinhos do mundo. As pesetas foram guardadas e passamos a lidar com o franco.

Seguindo o nosso caminho, divisamos plantações de trigo. Essa área me fez lembrar um trecho da BR-324 na entrada da rodovia que leva à cidade de Santo Amaro da Purificação. Com uma diferença: no Brasil, nesse referido trecho, a cultura é de cana de açúcar e não de trigo.

Por uns minutos, dormi bastante, mas ao retomar minha escrita registrei mais uma vez a minha admiração pela qualidade das estradas europeias. Os excursionistas dormiam bastante. Normal! A pista era lisinha, sem emendas e sem buracos. Eu olhava para um lado e para o outro, passando por um trecho onde havia muitos pinheiros, nas duas margens da rodovia. Fazia algum tempo que estávamos tendo esta imagem homogeneamente verde e ordenada.

O guia nos informou que, antigamente, aquilo tudo era formado por dunas, que foram substituídas por pinheiros, que foram plantados no século XX, formando essa paisagem homogênea. Isso faz da França um país respeitado no setor de recuperação florestal. Essa é a maior plantação de pinheiros da Europa Ocidental.

Depois desses informes, fomos avisados de que atravessávamos a região francesa da Nova Aquitânia (Nouvelle Aquitanie). Ao falar de regiões francesas, para facilitar meu próprio entendimento, achei importante deixar uma explicação sobre o assunto. A França tem atualmente 18 regiões e 101 departamentos. Desde janeiro de 2016, a França passou de 22 regiões metropolitanas para 13 que, somando-se às 5 existentes além mar, totalizam 18 regiões. Cada região possui seus departamentos e esses, por sua vez, são compostos pelas comunas. O termo "região" tem a mesma correspondência de região no Brasil. Já o termo "departamentos" corresponderia aos estados brasileiros e as "comunas" seriam os municípios.

As 13 regiões francesas "metropolitanas" são: Auvergne-Rhône-Alpes; Bourgogne-Franche-Comté; Bretagne; Centre-Val de Loire; Corse; Grand Est; Hauts-de-France; Île-de-France; Normandie; Nouvelle Aquitanie; Occitanie; Pays de la Loire e Provence-Alpes-Côte d'Azur. As regiões fora da Europa, conhecidas como regiões "além-mar" são: Guadaloupe; Guyane; La Réunion; Martinique e Mayotte. Nessa excursão, cruzamos algumas dessas regiões, alguns departamentos e várias comunas.

Uma dessas comunas foi Bordeaux.

Bordeaux

Bordeaux é uma comuna no sudoeste da França, situada na região da Nova Aquitânia, no departamento (estado) de Gironde. É conhecida como o centro de uma famosa região vinícola, comercializando principalmente os vinhos tintos. A cidade é cortada pelo rio Garonne que é inteiramente navegável e desemboca no Oceano Atlântico.

Na área portuária, há uma ponte sobre o rio com 27 arcos, representando as vitórias de Napoleão. Há também dois pilares: um representa a navegação e o outro representa o comércio. Bordeaux possui o 2º porto mais importante da França (o 1º é o de Marseille) e o maior parque público da Europa. A fragata militar está na cidade desde os anos 70, tendo participado de várias funções militares sendo que, quando passamos por lá, ela era utilizada como restaurante.

A iluminação na entrada de Bordeaux é feita com postes que lembram asas de um pássaro. Quando chegamos, o tempo estava ensolarado, as luzes ainda apagadas, não dando para ver como seria a luminosidade à noite nessa área. Observamos que as construções têm um estilo mais moderno no trecho que nos introduziu à cidade.

Fomos avisados de que em Bordeaux eram poucas as casas que ficavam abertas 24 horas. O comércio e os restaurantes fechavam cedo. O nosso guia nos alertou para o horário limitado, inclusive do restaurante do hotel. Estávamos na França, não na Espanha. Aí bateu aquela saudade de Madri! Mesmo assim, fomos conhecer os pontos turísticos:

- Place de la Bourse: uma praça que foi construída ao longo do rio Garonne, constituindo em um conjunto de prédios históricos muito bonitos. No entorno da praça existe o prédio da bolsa de valores e um museu. No centro tem a Fonte das Três Graças, com espelho d'água, conhecida como a maior piscina de reflexos do mundo. É um local de encontro de pessoas que aproveitam o espaço para caminhar, fotografar e admirá-lo de dia ou à noite quando a iluminação a torna resplandecente.

- Catedral Saint André: uma construção gigantesca e muito bonita, e rica em detalhes. Vale muito a pena visitá-la.

- Grand Théatre: com mais de 300 anos de existência, esse teatro serve de palco para a Orquestra da cidade e para apresentação de balé, teatro ou ópera vindas de outras partes. O prédio possui fachada neoclássica, tem 12 colunas com 12 estátuas, representando 9 musas e as 3 deusas: Juno, Vênus e Minerva. Quando iluminado, à noite, constitui um espetáculo por si só.

- Jardim público: muito florido e com muito verde, o jardim dispõe de um lago e jardim botânico bem cuidados.

- Port de la Lune: o Porto da Lua fica próximo à Place de la Burse e antigamente ele recebia e enviava embarcações para outros países que comercializavam o vinho. Atualmente funciona como um centro comercial.

Pernoitamos em Bordeaux e saímos no dia seguinte bem cedo. Nossa hospedagem foi no Hotel Climat de France e nosso jantar no restaurante La Soupière. Comemos muita salada e tomamos vinho da região. A tabela de preços do hotel: *chambre* (a partir de 220 fr.) e *menu* (a partir de 69 fr.).

Em direção a Paris

Em um domingo de céu claro, deixamos Bordeaux com destino a Paris. No trajeto, estava previsto passarmos por diversas cidades e vilarejos do Vale de Loire, na maioria das vezes sem incluir visita às localidades. Já na estrada e logo no começo de nossa viagem, fomos informados que a França é o primeiro produtor de vinho do mundo. O segundo é a Itália e o terceiro é a Espanha. Bordeaux contribui com a produção francesa com 500 milhões de garrafas de vinho ao ano.

Continuamos aproveitando as belas paisagens. A vegetação com um verde brilhante que víamos na saída de Bordeaux me fez lembrar de Foz do Iguaçu, no Brasil. Naquele pedaço do mundo, o solo era bem aproveitado e não se via nenhuma porção de terra sem cultivo. Passamos por vinhais e muita plantação de girassóis.

As estradas eram ótimas, os motoristas também. Eu estava impressionada em ver como cada qual seguia na sua mão, sem causar transtorno aos outros condutores. Os passageiros dormiam tranquilos, não se assustavam e não se ouviam buzinas. Não havia animais na pista e a sinalização era perfeita.

O guia se mostrava um "professor" multi, dando aulas de "geografia" e "história" para quem estivesse acordado. De vez em quando, ele oferecia uma pílula de informação para despertar a curiosidade dos excursionistas. Como eu sou uma viajante aplicada, fazia minhas anotações e, ao mesmo tempo, ia aprendendo um pouco sobre cada região.

Uma dessas regiões, a 40 km de Bordeaux, é o **Vale do Rio Dordogne**, uma espécie de continuação do estilo francês com mesa farta e prazeres gastronômicos típicos. Essa região é considerada a terra do *foie gras* de ganso e de pato, sendo também conhecida como berço do lendário Cyrano de Bergerac, embora ele não tenha nascido aí, apenas sua família era proprietária de terras nesse lugar.

O vale do Dordogne é uma terra de belas paisagens e cidades interessantes para se visitar. Rocamadour, por exemplo, é uma vila com poucos habitantes, com construções que ficam coladas à pedra da montanha. Possui uma escadaria com mais de 200 degraus que leva à parte mais alta da cidade onde há um castelo. E Bergerac? situada no sudoeste da França, possui ruas medievais, sendo parada para muitos peregrinos que vão a Santiago de Compostela e escolhem esse roteiro. Resumindo, esse vale é uma região ideal para quem gosta de vinho, desfruta da proximidade das montanhas, admira cidades bucólicas e lindas paisagens, tudo junto.

A oeste de Bordeaux fica **Médoc**, uma localidade com praias de areia fina, onde há também castelos e muito vinho. Perto dali, está **Saint Emilion**, cujo nome é uma homenagem ao religioso eremita do século VIII. Lá existem em média 85 caves esperando os turistas. A boa notícia é que a maioria recepciona o visitante oferecendo vinho sem cobrar.

Viajando por essas bandas, o tempo parecia eterno, uma cidade levava a outra como se não houvesse fronteira geográfica. O ar da vegetação e o cheiro do vinho eram bem convidativos. E nós, na estrada, olhando para o relógio às 8 horas e 25 minutos. Trafegávamos havia quase uma hora e nos aproximávamos de várias cidades, algumas com características de vilarejo.

A sinalização nos alertava de que estávamos a 40 km de **Cognac**, uma pequena cidade no sul da França, na região da Nova Aquitânia, a meio caminho entre Bordeaux e La Rochelle. Cognac é famosa pela aguardente de uva e por suas construções situadas dos dois lados do rio Charente. A cidade preservou seus casarões e monumentos antigos, incluindo o Castelo de Valois, o Museu de Artes de Cognac e a Igreja Saint-Léger.

Depois de outro cochilo, notei que a seta à esquerda indicava a via para chegar a **La Rochelle**, uma cidade costeira a sudoeste da França que constitui um centro de pesca e comércio. É conhecida como a "Cidade Branca" em virtude das fachadas de pedra calcária que ficam branquinhas quando incide a luz solar. É uma cidade universitária, também conhecida pela prática de esportes aquáticos e que recebe muitos turistas no verão para assistir ao festival de música francesa.

Seguimos o nosso rumo pela rodovia A-10. Já tínhamos percorrido aproximadamente 250 km, mas ainda havia muita quilometragem a vencer até Paris. Permanecíamos ainda na Nova Aquitânia, cruzando a cidade de Poitiers.

Poitiers fica às margens do Rio Clain e está localizada no departamento de Vienne. Possui um rico patrimônio arquitetônico e religioso e realiza ao longo do ano diversos festivais de música de vários tipos, concertos, cinema, espetáculos coreográficos, exposições e outros. Há diversidade de pontos turísticos a visitar, lugares de lazer a conhecer e atividades a praticar, tanto na cidade como nos arredores.

Continuávamos na mesma rodovia, em direção a Tours. Eram quase 9 e meia e fazia um friozinho de 14°C. Nesse momento o guia sugeriu a nossa parada técnica.

Vale do Loire

Estávamos no Vale do Loire, conhecido mundialmente pelos inúmeros castelos, pelos deliciosos queijos e vinhos, além das majestosas cidades históricas, um convite aos amantes da história, da boa mesa e das boas caminhadas. O Vale do Loire abrange duas regiões: o Centre-Val de Loire e o Pays de la Loire e se estende por cerca de 280 km ao longo de uma parte do rio Loire, entre as cidades de Sully-sur-Loire e Chalonnes-sur-Loire. O Loire é o rio mais longo da França.

Desde os tempos do feudalismo o Vale do Loire rivalizava com Paris na preferência dos reis da França. Muitos reis e nobres viveram nos castelos do Vale, entre eles, Charles VII (1416). O Vale do Loire foi declarado Patrimônio Mundial pela Unesco desde o ano 2000, em razão de seus monumentos e castelos, o aproveitamento do solo, a paisagem cultural do rio Loire e suas cidades históricas. Atravessamos algumas das cidades do Vale de Loire.

Tours é a maior cidade do Vale do Loire, considerada a capital dessa região e foi capital da França durante 100 anos. Está situada na região do Centre-Val de Loire, no departamento de Indre-et-Loire e serve de base para os turistas que desejam visitar os castelos da região. Cidade universitária, tem vários pontos turísticos: Catedral de Saint-Gatien, Museu de Belas Artes, Basílica de Saint Martin, Jardim Botânico, Jardim Prébendes d'Oe´, Place Prumereau e as ruas medievais com boa preservação das calçadas.

A 30 km de Tours, encontra-se **Amboise**, município considerado o berço do rei Charles VI. Na capela do castelo de Amboise encontram-se os restos mortais de Leonardo da Vinci. Não visitamos o castelo da cidade, apenas tiramos fotografia a partir do Vale do Loire. A cidade é considerada a segunda mais populosa da região depois de Tours. Além do Castelo Real de Amboise, há diversos pontos de interesse para o turista: o Parque dos mini castelos, a capela de Saint-Hubert e o sobrado Clos Lucé, local que foi emprestado por Francisco I a Leonardo da Vinci em 1516 para o pintor se hospedar e trabalhar, e onde ele viveu até sua morte, em maio de 1519. Conta-se que esse sobrado se liga ao Castelo de Amboise por uma passagem subterrânea, numa extensão de 500 metros. Atualmente o sobrado funciona como museu.

Seguindo o Vale, alcançamos Blois, onde paramos para visitar o castelo da cidade.

Blois

Situa-se na área Central do Vale do Loire e, embora seja uma cidade pequena, é bastante agradável. Possui vários monumentos históricos e alguns castelos que são os atrativos principais. Relacionei alguns dos pontos de interesse para o turista: o Castelo Real de Blois; Os Jardins de L'Ancien Eveche; o Museu Casa da Magia Robert-Houdin; a Catedral; o Museu de Arte Fondation du Doute; Escalier de Denis Papin (uma enorme escadaria na área central da cidade). Circulamos pela cidade numa visita panorâmica, pois nosso objetivo era visitar o castelo.

O castelo de Blois foi iniciado no século XIII e demorou 500 anos para ficar pronto. É grande, possui um museu histórico e arquitetônico e tem várias alas: medieval, gótica, renascentista e clássica. O mobiliário é sério e fixo, retratando o estilo da Idade Média. Este castelo é o único onde viveram seis reis da França. As escadas são em forma de caracol. A ala Francisco I alojou Francisco I, Catarina de Medicis, Henrique II e Gastão de Orleans. Depois foi transformada em quartel militar.

O museu lapidar contém esculturas das diferentes alas do castelo. São moldes e estudos em gesso realizados por Felix Duban no século XIX. O gabinete de trabalho é o único quarto que conservou a decoração original. As 237 tábuas esculpidas com candelabros em estilo italiano, datam de 1520 e ocultam quatro armários secretos, interpretados por A. Dumas como os armários de venenos de Catarina de Medicis.

A ala Luiz XII, composta dos aposentos reais, ocupa o 1º piso do castelo. Nela encontra-se o museu de Belas Artes de Blois. As oito alas e a galeria mostram pinturas dos séculos XVI. Estão expostos ainda objetos de ferro e tapeçarias francesas e flamengas do século XVII, além de esculturas do século XIX. As esculturas expostas nesse castelo lembram as obras do Aleijadinho, existentes nas cidades históricas de Minas Gerais, no Brasil, notadamente as da praça da Igreja de Matosinhos, em Congonhas do Campo.

Seguimos a nossa rota, trafegando nas imediações de **Chambord**, uma cidade também situada na área central do Vale do Loire, 15 km após Blois. Há muita coisa para se fazer nesse lugar, sendo uma das mais importantes a visita ao Castelo de Chambord, considerado como o mais imponente do Vale. O castelo serviu de ponto de encontro de caçadas de François I. É visitado anualmente por 700.000 turistas, mas nós não o visitamos por dentro, somente a parte externa, onde tiramos fotografias.

O castelo de Chambord possui mais de 400 quartos, espalhados numa gigantesca construção. Mas, apesar do tamanho, segundo o guia, a decoração é modesta e a maioria dos cômodos está vazia, pois o lugar servia de moradia aos reis da

França, durante suas temporadas de caça.

Mais adiante, avistamos **Mer**, uma cidade que fica a menos de 11 km de Chambord. É um dos municípios mais populosos dessa região e rico em patrimônio arquitetônico e ambiente natural, ficando próximo a alguns castelos do Loire e à floresta de Chambord. Nas ruas antigas da cidade pode-se admirar os castelos de Chantecaille e de Beaumont. Há também inúmeros moinhos para serem vistos e o museu Corbilière com objetos que se referem à história local. A cidade ainda conta com a beleza de monumentos como: a Igreja de Saint-Hilaire e a Igreja de Saint-Aignan, além do Mercado de grãos com uma escultura que representa a agricultura.

O Vale do Loire parece infinito e tem paisagens incríveis. Com tantas cidades charmosas, visitar o Vale é uma tarefa gratificante. No nosso caso, uma tarefa corrida, bem panorâmica, só para aguçar os sentidos. Mas para quem tem tempo, pode fazer uma programação distendida, escolhendo o meio de transporte que lhe convier: carro, ônibus, trem e até bicicleta!

Como o tempo seguia acelerado e nós teimávamos em acompanhar seu ritmo, seguimos ouvindo o que o guia tinha a dizer sobre as localidades do Vale. Entre um cochilo e uma conversa, entre a atenção e o deleite, contemplávamos o que tinha disponível à nossa vista. Nesse roteiro, a cada 15, 20 ou 30 km, surgia um novo município. O próximo foi Beaugency.

Beaugency fica mais ou menos a 15 minutos de

Mer, consistindo em um município onde se pode admirar vários restos de antigas fortificações medievais como: a Torre do Relógio onde fica o relógio municipal desde o início do século XVI; a Câmara Municipal com a estátua de Joana d'Arc na escadaria; a Torre do Diabo; a Ponte sobre o Loire e a Igreja de Notre Dame, considerada monumento histórico. A cidade realiza vários eventos e festividades ao longo do ano, incluindo: carnaval, mercado de pulgas, shows de sons e luzes, a "goguette", uma prática de reunir pequenos grupos para cantar e se divertir, parodiando as letras de canções famosas para fazer a plateia rir; nos meses de julho e agosto a cidade instala uma "praia" nas margens do Loire, uma forma de lazer da população.

Depois de Beaugency, em menos de uma hora chegamos a **Orleans**, uma cidade que fica às margens do rio Loire e é famosa por ter sido salva por Joana d'Arc (1429) de um cerco inglês, fato que é comemorado na cidade com um festival anual. Não é surpresa, portanto, a cidade manter como ponto turístico a casa onde ela se hospedou durante a batalha. Além da Casa de Joana d'Arc, que funciona como museu, há outras atrações para quem visita a bela cidade: a Catedral de Orleans, em estilo gótico, a Ponte de Orleans, o Museu Charles Péguy, o Parque Pasteur, o Jardim de l'Evêche, o Pequeno Trem Turístico, o Jardim Botânico, dentre outras.

Ao longo do Vale, há várias cidades e castelos que não visitamos, mas que podem fazer parte de um roteiro de viagem planejado sem pressa, parando nas cidades "base" para dormir e de lá sair para as visitas aos castelos e demais passeios.

Perto de Tours existem dois castelos: o de **Villandry** (17 km de Tours) onde há quadros impressionistas e o de **Chenonceaux** (35 km de Tours) que serviu de residência da Rainha Catarina de Medicis. Com um pouco mais de boa vontade chega-se ao Castelo de **Valençay** (60 km de Chenonceaux). O Castelo é do século XVI e foi residência de Charles Talleyrand, um político francês que foi ministro das relações exteriores de Napoleão. Valençay possui também um museu de carros antigos.

Quem vai a **Angers**, cidade berço do cointreau, pode visitar o castelo Plaissis-Macé que guarda uma tapeçaria medieval de 110 m de comprimento, indo também ao Castelo de **Saumur**, na cidade com o mesmo nome, a 49 km de Angers. Esse castelo foi construído em cima de uma pedra que se ergue sobre a cidade e o rio.

Os mais curiosos podem estender a viagem até **Langeais** (86 km de Angers) onde existe um palácio de inspiração medieval, que serviu de local de casamento de Ana Borgonha e Henrique IV. E se o tempo estiver sobrando, por que não alongar o roteiro até **Chinon**? Perto dali é possível apreciar dois castelos: o de **Rigny-Ussé** (14 km de Chinon) que tem 500 anos e serviu de inspiração para a construção do castelo da Bela Adormecida, na Disneylândia e o Castelo de **Azay-le-Rideau** (21 km de Chinon) em estilo renascentista e com tapeçarias francesas e flamencas dos séculos XV e XVI.

A nossa jornada pelo Vale do Loire foi dura, mas divertida. Pela frente tínhamos à nossa disposição uma estrada reta por onde seguíamos confortavelmente instalados em nossas poltronas. Era impossível não ficarmos preguiçosos viajando nessas condições. Para completar nosso conforto restavam-nos, ainda, aproveitar o sono e os sonhos até que o guia nos despertasse com seus avisos.

Estávamos nos aproximando do último pedágio antes de Paris. Havia 38 cabines de cobrança, 38 filas paralelas, todas seguindo em direção à Cidade-Luz. Levaríamos alguns minutos até a capital francesa. A sinalização advertia: Paris 46 km. Com esses avisos, era hora de repousar os ouvidos e a caneta e aguardar o desembarque.

Conhecendo Paris

Havíamos feito uma viagem sossegada do Brasil até Madri, circulamos por muitos lugares e, finalmente, chegávamos serenos à Cidade-Luz. Meu coração tinha se expandido dentro de mim, de tão grande que era a emoção de estar realizando minha primeira viagem à Europa e conhecendo Paris.

Em um dos trechos por onde passamos notamos certo ar de abandono. A cidade parecia vazia. Era domingo. Estávamos na primeira rua do centro de Paris, uma rua arborizada de onde se podia avistar, ao longe, a ponta da Torre Eiffel. Visi chamou a minha atenção: olhe lá! E eu me estirava toda para captar a primeira visão do famoso símbolo de Paris.

Ele comentou sobre o que via e apontou para o lixo num canto da calçada. Decepção? Talvez ainda não. Afinal, acabávamos de chegar, era cedo para tirarmos conclusões. Estávamos na Europa e na nossa mente as impressões que tínhamos eram aquelas transmitidas por amigos que moraram ou visitaram a Europa. Muitos deles orgulhavam-se da organização, da limpeza, da evolução e de tudo o que há de positivo no continente europeu. Por enquanto, era esse o juízo que fazíamos desse lugar.

Passamos pela Maison Maternalle e depois pelo Centro Hospitalar Sant'Ana. Chegamos ao Hotel City Maeva, na Rue de Tolbiac. Depois de nos acomodarmos, verificamos que não havia toalha nem sabonete no banheiro. Fiz meu primeiro treino: falar francês com a recepcionista do hotel. Para minha surpresa quem atendeu foi o guia que ainda se encontrava na recepção e se comunicou comigo em espanhol.

Depois de descansarmos um pouco, preparamos o nosso espírito para o primeiro tour pela cidade. Combinamos com o guia dois roteiros: o passeio de Bateau Mouche pelo Rio Sena e o Tour Luminaire para conhecer Paris à noite. Estávamos ansiosos com tudo isso, principalmente eu que não conhecia a cidade. No horário combinado, descemos para a recepção e aguardamos a partida, dando início aos nossos passeios.

****

Antes de registrar os pontos visitados, anotei dados sobre Paris, assim como fiz em relação a

Madri. Esses registros são baseados em informações passadas pelo guia local e em leituras de folhetos e livros sobre a cidade.

Paris surgiu de uma tribo celta chamada Parisi, que se instalou na *Île de La Cité* 300 a. C. Em 52 a. C. os romanos ocuparam Paris durante a conquista da Gália por Júlio César. Paris não era capital. Os romanos deram-lhe o nome de Lutécia (que significa pântano). Mais tarde passou a se chamar Parisi por causa dos seus primeiros habitantes celtas - os parísios. Os romanos construíram templos, ruas retas, pontes e mercados. A margem direita do rio era muito pantanosa para ser habitada, por isso a cidade se expandiu para a margem esquerda, onde fica o Quartier Latin.

Paris fica no norte da França, na região Île-de-France e estende-se pelas duas margens do rio Sena, com seus 20 bairros numerados em ordem crescente, sendo que o primeiro é o da *Île de la Cité*. Muitas avenidas cortam a mesma área, principalmente em torno do Arco do Triunfo, formando a imagem de uma estrela (*étoile*).

Até 2001, a moeda que circulava na cidade era o franco (U$ 1 correspondia a mais ou menos 6,30 francos). Depois passou a valer o Euro, moeda utilizada pelos países pertencentes à União Europeia a partir do ano seguinte.

Em 1900 foi inaugurada a primeira linha de metrô da cidade e até 2001 eram 15 linhas e 370 estações que cobriam 200 km da cidade. Os trens internos se conectam às linhas do metrô e os bilhetes utilizados no metrô servem para os ônibus. A compra é feita nas cabines espalhadas pelos terminais de metrô ou em pontos de ônibus. Se a estadia na cidade for prolongada, é interessante comprar um "carnê" com dez passagens, porque sai mais barato do que comprar uma a uma.

Os cafés e restaurantes parisienses são considerados os marcos da cidade e a comida é cara. Mas pode-se comer barato numa esquina qualquer (exagero!), onde se vendem lanches do tipo: *Panini* (pão recheado com carne/presunto, tomate, alface) e *croque monsieur* (tipo de sanduíche com queijo quente) que são bem saborosos.

Circular em Paris é fácil, porque o sistema de transporte é muito organizado. Mas é importante que o estrangeiro conheça algumas palavras e frases em francês e tenha um mapa em mãos para facilitar sua circulação pela cidade. Os franceses amam o seu idioma e esperam que os visitantes façam algum esforço para se comunicar em francês.

****

Começamos nossa jornada na primeira noite em Paris. Ingressamos no ônibus, passando pelos seguintes pontos no trajeto até o Bateau Mouche: Biblioteca Nacional da França; Jardim das Plantas; Catedral de Notre Dame; Instituto da França; Museu do Louvre; Arco do Carroussel; Champs Elysées; Arco do Triunfo; Arco da La Défense e Museu d'Orsay.

Chegamos ao local de embarque no Bateau Mouche (barco mosca). Dali em diante foi só curtição. Aposentei a caneta e o papel me colocando disponível para ver e admirar tudo, debruçada sobre as belas imagens parisienses a partir do rio Sena. As anotações que fiz sobre o rio e suas pontes foram obtidas através de folhetos informativos e a partir das informações dadas pelo guia local.

O rio Sena banha a capital francesa, nascendo na Meseta de Langres em Côte-d'Or e desaguando no Canal da Mancha perto de Le Havre, possuindo bacia hidrográfica de aproximadamente 75.000 km². Em Paris ele percorre cerca de 13 km, com largura variando entre 25 e 200 metros e profundidade que pode chegar a 6 metros.

Muitos produtos são transportados através desse rio: materiais de construção, terra e entulho de escavações, carvão para abastecer usinas termoelétricas, trigo para preparar as famosas baguetes francesas, além do serviço de transporte turístico de passageiros que constitui uma atividade tradicional.

Sobre o rio Sena existem 37 pontes, com nomes que fazem referência aos locais turísticos mais visitados. Registrei apenas algumas dessas pontes por onde passamos durante nossos passeios pela cidade, seja de barco, ônibus ou a pé.

A **Ponte Neuf** , apesar de seu nome (Ponte Nova), é a mais velha de Paris, tem 238 metros de comprimento e passa pela Île de la Cité onde está situada a Catedral de Notre Dame. Foi concluída no século XVI pelo rei Henrique IV e se distingue das demais porque foi a primeira ponte do Sena a ter calçada para pedestres.

A **Ponte Alexander III** liga o Champs Elysées ao bairro dos Invalides e à Torre Eiffel. Foi inaugurada em 1900 para simbolizar a aliança entre a França e a Rússia, sendo seu nome uma homenagem ao czar russo que apoiou a aliança franco-prussiana. É uma das mais belas pontes sobre o Sena, com decoração de querubins, lampiões e cavalos alados em tons dourados, o que a torna um monumento portentoso e marca presença em filmes famosos e em vídeo clipes de cantores.

A **Ponte Royal,** situada perto do Jardim das Tuileries, liga o Quai Voltaire ao Quai de Tuileries no começo da Rue du Bac. É a terceira ponte mais antiga da cidade, possui cinco arcadas e sua decoração é bem simples. Foi nessa ponte que Napoleão ordenou o uso dos canhões para defender o Palácio de Tuileries.

A **Ponte des Arts** foi a primeira ponte de metal construída em Paris. É uma ponte exclusiva para pedestres, que liga o Instituto da França ao Museu do Louvre, e seu nome se deve ao fato de que o Louvre antes de ser museu era um palácio chamado de Palácio das Artes. Na sua reconstrução em 1984 seu número de arcos passou de nove para sete, permitindo alinhar-se aos arcos da Pont Neuf.

A **Ponte de l'Alma** tem a estátua de um soldado da infantaria que servia de instrumento de medida das cheias do rio Sena. Mas em 1970 a estátua foi elevada depois de sofrer em anos anteriores com as enchentes do rio que chegavam quase até os seus ombros. Com isso, a estátua perdeu seu significado original. Essa ponte ficou conhecida por estar localizada perto do túnel onde a princesa Diana sofreu um acidente em 1997, vindo a falecer juntamente com mais dois ocupantes do veículo em que viajavam.

A **Ponte de la Concorde** faz ligação entre a Praça da Concórdia e o Quai d'Orsay e sua construção demorou mais de 60 anos para ficar pronta. Ao longo do tempo a ponte teve vários nomes e decorações diversas, mas atualmente ela possui apenas adorno de lâmpadas e é a que tem mais carros circulando sobre ela, por estar no centro de Paris.

A **Ponte Bir Hakeim** possui dois andares, sendo o primeiro para carros e pedestres e o segundo para uma das linhas de metrô.

Grande parte dos monumentos de Paris situa-se às margens do rio Sena, sejam edifícios mais tradicionais, históricos, sofisticados ou artísticos. Nessas margens, o visitante pode flanar à vontade, aproveitando o tempo para viver experiências de lazer, culturais, esportivas, gastronômicas ou, simplesmente, nadismo.

O nosso passeio de Bateau Mouche durou cerca de uma hora e meia e o que mais me impressionou neste percurso foi a vista da Torre Eiffel. E não deu para falar nada, só suspirar. Fizemos algumas tentativas de "sacar" fotos, mas depois da revelação descobrimos nossa falta de habilidade na arte de fotografar, pois não tivemos muito sucesso com as imagens.

Depois de navegarmos pelo rio Sena, com frio e sob ameaça de chuva, fizemos o roteiro Paris Luminaire, para conhecer os principais monumentos à noite e podermos avaliar a luminosidade da Cidade-Luz. O guia nos informou que a iluminação de Paris respeita a iluminação original de cada monumento.

Durante o passeio de Bateau Mouche, avistamos os monumentos à distância, mas dessa vez tivemos oportunidade de vê-los mais de perto, com direito a algumas paradas para fotos, mas novamente colhemos a decepção pelo nosso trabalho de amadores. Eis algumas das atrações vistas naquela noite:

- Ponte D'Iène: com 155 metros, ela atravessa o rio Sena, fazendo a ligação entre o Jardim Trocadero e o Champs de Mars, onde fica a Torre Eiffel.

- Praça Trocadero: avistamos daí a Torre Eiffel. O guia nos informou que os prédios de Paris não ultrapassam 10 andares, o que permite visualizar alguns monumentos de diversos pontos da cidade.

- Torre de La Défense: embora fique mais afastada, quando se chega perto percebe-se o quanto ela é imensa com 110 m de altura e 106 m de largura (mais larga que a Champs Elysées).

- Arco do Triunfo: possui 50 m de altura e 45 m de largura. Doze avenidas encontram-se no Arco do Triunfo, formando uma estrela, vista do topo do arco.

- Praça General De Gaulle: até 1969, chamava-se

Place de l'Étoile.

- Champs Elysées: com 7 km de comprimento, é uma avenida toda arborizada com castanheiros, ladeada de muitos empreendimentos comerciais de luxo e que finaliza na Place da La Concorde.

- Palácio Maior (Grand Palais): possui um planetário. Utilizado para diversas exposições, assim como o Petit Palais.

- Palácio Menor (Petit Palais): contém uma coleção permanente de quadros franceses do século XIX.

- Estátua equestre de Simón Bolivar: monumento em homenagem ao libertador, localizado nos jardins Cours de la Reine, próximo à Ponte Alexandre III.

- Esplanada de Les Invalides: foi hospital militar de veteranos do século XVII. Atualmente aloja o Museu do Exército e o túmulo de Napoleão.

- Palácio Bourbon: construído pela família Bourbon, o palácio abriga a Assembleia Nacional Francesa.

- Catedral de Notre Dame: iniciada em 1163, sua construção levou 167 anos para ficar pronta a parte principal. Acima dos três portais existem 28 estátuas da Galeria dos Reis que representam os reis de Judá. São restaurações do século XIX. Os originais haviam sido destruídos na revolução, por pensarem que eram reis da França. Na torre sul encontra-se o sino de 13 toneladas (o único que resta). Os demais foram derretidos por revolucionários para fazer canhões. Da torre norte (245 degraus para chegar ao topo) pode-se ter uma vista panorâmica de Paris.

- Place de la Concorde: localizada entre a Champs Elysées e o Jardim de Tuileries, ela é considerada a maior praça da capital francesa. Nela está o Obelisco de Luxor em granito rosa, com 23 metros de altura e pesando 280 toneladas. Nessa praça Luís XIV foi decapitado.

- Igreja La Madeleine: possui 52 colunas que correspondem às 52 semanas de um ano. Napoleão pretendia transformá-la em um templo de glória para seu exército, mas seu arquiteto sugeriu que fosse usado para esse fim o Arco do Triunfo.

- Teatro Olympia: é a mais antiga sala de espetáculos musicais de Paris, tendo sido inaugurada em 1893, com capacidade para 2.000 expectadores.

- Praça da Ópera: uma linda praça, onde fica a Ópera Garnier, distante uns 15 minutos do Palácio do Louvre.

- Ópera Garnier: sob seu prédio há um lago que serviu de inspiração para o esconderijo do fantasma na obra de Paul Leroux "O Fantasma da Ópera". O teto falso foi pintado por Chagall. Nesse local funciona a atual sede da Companhia Nacional de Balé.

- Praça Vendôme: em 1699 foi erguida no meio dessa praça uma estátua equestre de Luiz XIV. Mas, como todas as estátuas da realeza, a de Luis XIV foi derrubada durante a revolução. No seu lugar foi erguida uma coluna em espiral celebrando as vitórias de Napoleão, com uma estátua do imperador no seu topo. Nas proximidades dessa praça há bancos, joalherias e o lindíssimo Hotel Ritz.

- Rue Saint Honoré: aqui há muitas lojas de grife, prédios de embaixadas, hotéis de categorias distintas, restaurantes e bares.

- Palácio do Louvre: prédio que abriga o Museu do Louvre, magnificamente iluminado.

- Pirâmide do Louvre: construída em comemoração aos 800 anos da Revolução Francesa. Fica em frente ao Palácio do Louvre, na entrada principal.

- Igreja Saint Germain des Prés: situada na Praça Saint Germain, é uma das igrejas mais antigas da cidade. Nela há uma mistura dos estilos românico e gótico. Sua torre tem, em média, 1000 anos, sendo que o pórtico é do século XVII e os batentes da porta do século XII. Seu interior foi utilizado pelos revolucionários como fábrica de pólvora. Atualmente, é utilizada, às vezes, como palco de concertos.

- Palácio de la Conciergerie: uma linda construção, próximo ao Museu do Louvre. Foi sede do primeiro palácio dos reis franceses e, mais tarde, foi utilizado como presídio. Muitas vítimas da guilhotina passaram suas últimas horas neste local.

- Praça Saint Michel: situada no Quartier Latin, em frente à Île de la Cité, essa praça tem uma fonte que é considerada a maior da capital francesa e foi construída no segundo reinado do Barão Haussmann.

- Palácio da Justiça: antigamente fazia parte do Palácio de la Cité, estando localizado no Quai des Orfèvres.

- Sainte Chapelle: em estilo gótico, construída no século XIII pelo rei Luis IX para servir de capela do Palácio Real. O resto do palácio deu lugar ao atual Palácio da Justiça.

- Teatro Chatelet: construção do século XIX, foi inaugurado com capacidade para 3.000 pessoas. Está localizado em frente ao Teatro de la Ville, separado um do outro por uma praça.

A Cidade Luz é bem iluminada e não poderia ser diferente. O patrimônio da cidade é admirável. As restaurações e manutenções dos monumentos são fantásticas. Tudo parece novo e cuidado. Apesar de haver mistura de estilos, existe harmonia entre eles.

Paris exibe-se de todo jeito: na forma e no tamanho dos monumentos, na iluminação e na dinâmica de um modo geral. É uma cidade atraente, grandiosa, imponente, deixando transparecer orgulho, ostentação e dinamismo. As pessoas andam rápido, comem enquanto andam demonstrando pressa de chegar a algum lugar.

Observei que os parisienses fumavam muito, pois em toda parada do nosso ônibus, nos deparamos com gente espalhando uma nuvem de fumaça pelos ares. De dentro do ônibus também deu para notar esse comportamento, que não me agradou nem um pouco, pois fiquei com o nariz entupido de fumaça.

Era uma noite fria e as pessoas estavam bem

agasalhadas em sua maioria, o que me fez lembrar das regiões mais frias do Brasil. Nesse clima, seguimos de volta para o nosso hotel, felizes, porque os passeios de Bateau Mouche e o de Paris Luminaire foram proveitosos e nós merecíamos uma noite de sono angelical.

****

Manhã de segunda feira. Retomando nossos passeios pela capital francesa, chegara a vez de conhecê-la à luz do dia, com direito a paradas e fotos em muitos locais. Nosso roteiro incluiu um pouco da parte nova da cidade e um pouco da parte antiga. Alguns dos monumentos citados já tinham sido vistos durante o primeiro tour pela cidade, embora não tenham sido descritos.

Iniciamos com a vista da **Biblioteca Nacional** (Biblioteca Mitterrand), que possui quatro torres, à semelhança de um livro aberto e está situada perto do Palácio Real. Essa biblioteca possui um acervo de dez milhões de livros, doze milhões de gravuras, seiscentos e cinquenta mil mapas e mais de trezentos e cinquenta mil manuscritos antigos. Imaginemos o que isso representa para uma cidade. Pena que não sobrou tempo para uma visita.

Passamos ao lado da **Estação Austerlitz** e observamos que estavam sendo construídos novos edifícios no lugar de antigos prédios. O guia contou que a França gasta 270 milhões por ano em restaurações de monumentos. Não é para assustar, porém em Paris há 1.886 monumentos, dos quais 600 estavam em processo de restauração no ano de

2001.

Como exemplo dessa preocupação com os monumentos, está o cuidado com a Torre Eiffel. Construída há mais de 120 anos, a torre mudou de cor várias vezes, sendo pintada de 7 em 7 anos. Mudou a cor original para marrom-avermelhado, ocre-avermelhado e marrom. Mas, desde a década de 60, a única cor permitida é o bronze original.

Enquanto o ônibus circulava de um lado do rio Sena, olhávamos a **Gare de Lyon**, em frente a Austerlitz. A Gare é uma estação de trens de grande velocidade que partem para a Suíça, a Itália e para outros países.

Estávamos na área histórica da cidade, passando pelo **Boulevard Diderot**, o que me fez lembrar de um trabalho que realizei no Mestrado em Ensino, Filosofia e História das Ciências. Embora meu tema de estudo tivesse sido D'Alembert, nas fontes pesquisadas Diderot aparece quase como um irmão de D'Alembert. Ambos, filósofos franceses do século XVIII, tomaram para si a responsabilidade de organizar a *Encyclopédie,* em 1751, além de escreverem diversos artigos para a sua composição. No início eram muito amigos, mas depois se tornaram dissidentes.

Na outra margem do rio, em frente ao Boulevard Diderot, está o **Jardim das Plantas,** que foi criado por Luís XIII para ser um jardim de plantas medicinais e que funciona como um jardim botânico com plantas exóticas, ocupando uma área ampla.

Logo adiante, vimos o **Instituto do Mundo**

Árabe, construído com a ajuda de 16 nações árabes para promover os laços culturais entre o mundo islâmico e o ocidente. O museu mostra as culturas do mundo árabe, nos períodos islâmicos e pré-islâmicos e promove grandes exposições. O prédio tem uma biblioteca com 40.000 volumes abrangendo vários aspectos da cultura árabe. Há um restaurante no local que oferece pratos diversos da cozinha do Oriente Médio.

À nossa esquerda, a **Universidade de Paris: Faculdade de Ciências,** abrigada em prédio grande, antigo, com árvores que estavam desfolhando e o pátio vazio, por estar em período de férias. À direita, avistamos a **Île de Saint Louis** e suas construções residenciais. A ilha de Saint Louis e a **Île da la Cité** estão próximas, no centro da capital francesa, onde a cidade medieval foi fundada.

Seguimos pelo **Quai**[1] **de Tournelle,** uma via ao longo do rio Sena no bairro de Saint-Victor. Depois avistamos o **Quai de Montebello,** virando a seguir na **Rue de Fouarre,** onde o ônibus nos deixou para que pudéssemos ir andando até Notre Dame. O ônibus estacionou e nos aguardou ao lado da **Societé des Amis des Universités de Paris**, nosso ponto de referência para o retorno a pé.

Chegamos a **Notre Dame,** que é considerada a 2ª igreja mais visitada do mundo depois da Basílica de São Pedro, no Vaticano. Notre Dame tem capacidade para 9.000 pessoas. Em estilo gótico, seu

---

[1] Quai significa cais, plataforma de embarque.

tamanho expressa o objetivo de seus construtores: buscar a luz, daí construírem igrejas largas. Só para lembrar, os desenhos do portal do meio representam o Juízo Final. A escultura da Pietá que se encontra nessa igreja foi encomendada por Luís Xlll, para agradecer a Deus pelo nascimento de seu primeiro filho homem, depois de 20 anos de tentativa.

Notre Dame fica situada no extremo da praça com o mesmo nome, sendo que do outro lado da praça, está a sua **Crypte Archeologique** e do seu lado direito fica a rua que dá acesso ao **Museu de Notre Dame**.

Depois da visita demorada a Notre Dame, pois a catedral estava lotada e a fila para adentrá-la era imensa, saímos para pegar o ônibus e prosseguir nossa visita panorâmica. Antes, tiramos algumas fotos para registrar nossa passagem por essa área e compramos postais.

Passamos por um bairro antigo, a Colina de Santa Genoveva. Nesse local está a **Abadia de Sainte-Genoviève**, antigo mosteiro dedicado aos apóstolos Pedro e Paulo. Santa Genoveva costumava ir ao mosteiro para rezar e seguia um caminho que mais tarde recebeu o seu nome. Quando ela faleceu, seus restos mortais foram enterrados numa tumba que fica na **igreja de Saint-Étienne-du-Mont,** na praça Santa Genoveva. Nesse movimento de roda e gira dentro do ônibus, acercamo-nos do famoso Panthéon.

O **Panthéon** está localizado no topo da Colina de Santa Genoveva, tendo sido planejado por Luis XV.

Na maior parte do século XIX o Panthéon oscilou entre o secular e o consagrado, conforme o regime político. Depois se transformou em mausoléu, abrigando os restos mortais de: Victor Hugo (1885); Émile Zola (escritor realista); Jean Jaurés (líder socialista); León Gambetta (líder no cerco de Paris, 1870); Louis Braille (criador do sistema de leitura para cegos); Pierre e Marie Curie (descobridores do rádio).

O interior do Panthéon é vazio e despojado, apesar das janelas serem cobertas por quadros do final do século XIX. A cripta é composta de um labirinto de corredores com celas contendo os túmulos de pessoas ilustres e de desconhecidos.

Seguimos pela **Rue Saint-Jacques**, onde há a **igreja de Saint-Séverin**, em estilo gótico, construída entre os séculos XIII e XV. Dizem que Dante rezava nessa igreja.

Chegamos à **Praça da Sorbonne**. A Sorbonne foi criada para atender estudantes pobres (que ironia!). A Sorbonne recebeu este nome por causa da escola de teologia criada por Robert de Sorbon (século XIII). Foi controlada pelo Cardeal Richelieu que financiou sua construção. Poucos prédios da Sorbonne estão abertos ao público. Pode-se visitar o pátio do século XVII com seu relógio de sol, a fachada da biblioteca barroca e a igreja.

A Sorbonne foi foco de agitação em 1968, por ocasião de uma revolta que explodiu nas ruas quando a polícia invadiu o santuário. Depois das revoltas, a Sorbonne perdeu sua independência, sendo absorvida pelo bloco das universidades de Paris.

Quase em frente à Sorbonne, na **Rue des Écoles**, ficam as ruínas dos antigos banhos públicos romanos (Place Paul-Painlevé). Esses banhos sobreviveram como parte de uma abadia, sendo que agora funciona no local o Museu Nacional du Moyen Âge, conhecido como **Musée de Cluny**, seu antigo nome.

Ao ver esse museu, lembrei que nele existe a famosa série de tapeçarias do século XV conhecida como: "A Mulher Unicórnio", em que uma mulher aparece em diferentes trajes. Gostaria de ter visto as tapeçarias que Pessanha descreve em "Bachelard e Monet: O olho e a mão". Diz o autor que cada tapeçaria descreve um dos cinco sentidos, enquanto a sexta contém a inscrição: *À mon seul désir*.

Seguindo nossa rota, passamos pelo **Instituto Curie** e pela Faculdade de Direito, admirando as construções locais, incluindo o **Lyceé Louis Le Grand**. Chegamos ao **Boulevard Saint-Michel**, que constitui uma das grandes vias da cidade. Devido sua posição central e a proximidade da Sorbonne, esse boulevard acolhe diversas livrarias e lojas de produtos naturais. Foi palco de várias manifestações estudantis em maio de 1968.

Passamos pelo **Jardim de Luxemburgo**, cheio de flores, com estátuas de personagens famosos. O Luxemburgo é considerado o espaço verde mais bonito da Rive Gauche. Há um lago onde as crianças brincam e um carrossel projetado por Charles Garnier, arquiteto do prédio da Ópera. O Jardim de

Luxemburgo representa um espaço para qualquer pessoa relaxar, ler ou conversar.

O **Palácio de Luxemburgo** fica no jardim do mesmo nome. Foi construído por Maria de Médicis no início do século XVII. Do outro lado do Jardim de Luxemburgo, está o **Parque do Observatório** e, ao fundo, o Observatório de Paris.

O ônibus seguia pela **Rua Auguste Comte**, no Bairro de Odeon, depois pela **Rua Guynemer**, uma via bem arborizada, com prédios de arquitetura belíssima, observação quase desnecessária de registrar, mas como eu não me contenho, a repetição acabou se transformando em hábito.

Entramos na **Rua Bonaparte** que abrange o bairro Voltaire e o bairro Malaquias até o Jardim de Luxemburgo. Avistamos a **Igreja de Saint-Sulpice**, construída no século XVII, sendo uma das igrejas mais altas de Paris e que contém obras de Delacroix. Em frente à igreja há uma fonte com esculturas de leões gigantes[2].

Uma sugestão para quem gosta de perambular pela cidade é ir a pé por essas bandas, andando devagar, olhando as vitrines e admirando esse bairro charmoso. Quando se cansar, aproveita para entrar na igreja Saint-Germain ou na Saint-Sulpice e, depois, para em um desses cafés que estão por toda parte e deixa-se ficar.

---

[2] Essa igreja ficou conhecida internacionalmente depois do filme "O Código Da Vinci" baseado no livro homônimo de Dan Brown, pois é nesse local onde se passa a ação do romance de Brown.

Nós não tivemos a liberdade de fazer isso. Então, seguimos o roteiro, passando em frente à **Escola Nacional Superior de Belas Artes,** uma bonita construção onde, durante os eventos de maio de 1968, foram colocados vários cartazes alusivos aos movimentos da época.

Chegamos a **Saint-Germain-des-Prés** que é considerado um dos bairros mais atraentes de Paris. Nele está localizada a Academia Francesa, lojas de decoração e moda cara, livrarias e cafés. Dizem que era nesse bairro que Sartre e seus amigos se encontravam e que, no inverno ou no verão, eles usavam roupas de veludo preto e cachecol de lã. Excêntricos!

Na **Praça Saint-Germain,** onde fica a Igreja em homenagem ao santo, há o café Bonaparte e o Les Deux Magots que oferecem cadeiras para assistir o teatro de rua de mímicos e músicos. Nesse mesmo bairro, está situado também o **Palácio do Instituto da França**, no Quai de Conti. O prédio foi projetado por Louis Le Van para combinar com o Louvre, que fica do outro lado do Rio Sena. O Instituto foi criado com a missão de trabalhar no aperfeiçoamento das letras, das ciências e das artes, de forma não lucrativa.

Avistamos o **Museu do Louvre.** Já havíamos passado por ele no dia anterior, mas foi dessa vez, à luz do dia, que paramos para fazer um tour no seu interior logo depois de cumprido o roteiro circular de ônibus.

Em Paris, os museus estão por toda parte. Do outro lado do Louvre encontra-se o **Museu**

D'Orsay, à esquerda do rio Sena, no sentido em que trafegávamos. Esse museu é dedicado à arte francesa de 1848 a 1914, contendo obras de: Renoir, Cézanne, Manet, Monet, Van Gogh e outros.

Passamos de novo em frente à **Assembleia Nacional** com sede no Palácio Bourbon, localizado na Rive Gauche. Recebemos a informação de que esse palácio só pode ser visitado a partir de um pedido por escrito ou o convite de um deputado. Na biblioteca do palácio há quadros de Delacroix ilustrando a história da civilização.

Na sequência, chegamos ao **Museu Rodin**, na Rua de Varenne, uma tranquila rua do século XVIII. Nessa área encontra-se o monumental **Hôtel des Invalides**, que abriga o Museu do Exército, a tumba de Napoleão (que fica na cúpula dourada) e o túmulo do filho de Napoleão, que recebeu o título de rei de Roma quando ainda era bebê e foi enterrado na cripta.

Mais adiante, avistamos a **Escola Militar** que fica no canto oeste da Esplanada de Les Invalides. Nessa escola, os oficiais são treinados desde o século XVIII. A sudeste da Escola Militar, está o **Champs de Mars** (Campo de Marte), um antigo campo de manobras. Atualmente é um parque que vai até a Torre Eiffel. No século XX tornou-se o gramado da frente das residências mais luxuosas da Rive Gauche. Aportamos aí para fazer umas fotos.

Ao trafegarmos pela **Avenida de Tourville**, observamos que ela é bem servida de hotéis, restaurantes, farmácia, mercado e fica perto da Torre

Eiffel, facilitando a vida dos que desejam instalar-se nessa área. Passamos em frente à **Torre Eiffel,** para logo mais desembarcarmos e fazer a visita ao famoso símbolo de Paris. A torre é um monumento que, segundo comenta-se, presta louvor a si mesmo. Sua construção consumiu cerca de 15.000 peças de metal unidas por rebites.

Cruzamos a bela **Ponte Alexandre** III para a Champs Elysées, passando pelo **Palais de La Découverte**, dentro do qual há um museu e onde o visitante pode participar de experiências interativas.

Chegamos à **Avenida Franklin Roosevelt**, onde predominam as lojas da alta costura e residências da burguesia francesa. Seguimos na direção da **Place de la Concorde,** antiga Praça da Revolução. Estivemos antes nessa praça e nossa avaliação é que a fonte luminosa é a única coisa interessante para se admirar. À noite, porque durante o dia pode passar despercebida. O **Ministério da Marinha** fica em frente à Praça da Concórdia.

O guia comentou que existem áreas que mantiveram a tradição, como por exemplo: a Rive Gauche abriga galerias de arte e livrarias, enquanto a Rive Droite acolhe bancos, escritórios, hotéis e grandes nomes da moda e da culinária. Mas não existe uma regra, pois há galerias famosas que têm filiais de ambos os lados. Bourdieu, sociólogo francês, faz alusão às *maisons* situadas na Rive Gauche (Rue Bonaparte e Rue du Cherche-Midi) e na Rive Droite (Rue François e Avenue Montaigne), salientando os polos que caracterizam a alta costura francesa.

Trafegamos mais uma vez pelo **Boulevard Madeleine**, que é considerado um dos quatro grandes conjuntos de vias de Paris, sendo seus parceiros: o Capucines, o Italiens e o Montmartre. No boulevard Madeleine encontra-se a igreja La Madeleine, em cuja parte frontal é mostrada a história de Cristo e de Maria Madalena.

Visitamos o **Boulevard dos Italianos**, que contém uma cadeia de avenidas construídas ao longo dos antigos muros da cidade destruídos por ordem de Luís XIV. A origem do nome desse boulevard é o Teatro dos Italianos, edificado no ano de 1783, antes da Revolução Francesa.

Ancoramos no **Boulevard Haussmann**, uma das mais amplas avenidas arborizadas de Paris, criada por Napoleão III. Esse boulevard concentra várias lojas que vendem marcas famosas, destacando-se as Galerias Lafayette e Au Printemps, onde fomos deixados para tomarmos algumas providências particulares.

Aproveitamos para fazer câmbio de moeda, almoçar, ir aos correios e visitar as famosas lojas, que estavam repletas de consumidores com as mesmas intenções que nós: checar os valores de produtos afamados e comprar, caso o preço correspondesse à nossa expectativa. Não adquirimos nada, porque concluímos que não valia a pena levar produtos que poderiam ser adquiridos no Brasil, evitando o transtorno de sobrecarregar nossa bagagem.

Almoçamos na brasserie Le Cardinal e fomos

atendidos pelo garçom French, um admirador dos jogadores brasileiros de futebol. O nosso diálogo rendeu por causa das indagações dele sobre os famosos jogadores daquela época, o que me deu ânimo para gastar o meu francês. Depois de cumprirmos as obrigações pessoais, prosseguimos o nosso tour, indo à **Torre Eiffel.** Nosso objetivo era ir até o 2º nível da torre (permitido na época) chegando a 115 metros de altura. A torre tem 3 níveis e 320 m de altura.

O tempo estava chuvoso. Corremos do ônibus até a entrada da torre, onde recebemos o bilhete para ingresso no elevador que ficava no primeiro andar, sendo necessário subir uma escada. Chegamos ao nível desejado. De cima, considerando o dia chuvoso, a vista da cidade era muito cinzenta. Mesmo assim, alguns monumentos se destacavam ao longe, como por exemplo, a cúpula onde está a tumba de Napoleão.

Levamos alguns minutos lá no alto, circulando pelo andar a fim de admirar a cidade de todos os ângulos. Saímos de lá com a certeza de que, em um dia de sol, ou mesmo à noite, essa vista panorâmica seria muito mais bonita. De todo modo, havíamos cumprido o planejado e, embora com um resultado cinzento, era o que havia de oferta naquela tarde.

A Torre Eiffel fez sucesso desde sua inauguração, quando cada um dos dois milhões de visitantes pagou 5 francos para subir até o seu topo (1889). Pelo movimento que observamos, desde a entrada, o sucesso continua e deve prosseguir pelo tempo afora.

Na saída nos perdemos. Saímos pela "perna" errada. A torre tem quatro pernas, quatro portas, levando a quatro direções. Depois de um tempo, sob a chuva forte, chegamos ao local onde estava estacionado o nosso ônibus. Alguns companheiros também ficaram perdidos. Acontece também em Paris!

Depois de conhecermos a Torre Eiffel, chegou a hora de irmos ao **Museu do Louvre**. A visita ao Louvre era um dos nossos objetivos em Paris. Visitar o museu acompanhado de um guia local é uma boa opção para não perder tempo nos diversos corredores e alas desse imenso universo da arte.

No trajcto para o Louvre, saindo do túnel ao lado da Praça da Concórdia, avistamos a **estátua de Joana D'Arc**, a patronesse da França. Chegamos ao museu.

O Louvre é considerado um dos maiores tesouros do mundo. Levou 800 anos para ficar pronto. Os revolucionários o transformaram em museu, abrindo-o ao público em 1793. Em 1980 foi escavada uma nova área de recepção. A pirâmide de vidro do arquiteto americano I. M. Pei serve de entrada principal. O Louvre possui três grandes alas: Richelieu, Sully e Denon, subdivididas e numeradas. Há plantas indicando os locais das obras mais famosas. O museu é enorme e, embora os corredores sejam largos, o grande número de visitantes circulando ao mesmo tempo, tumultua o ambiente. Apesar de ser proibido, as pessoas fotografam as obras de seu interesse.

Obras recomendadas que nós tivemos o privilégio de conhecer:

- Fosso medieval (fundações da fortaleza do século XII).
- Egípcias: cabeça de leão, de Sekhmet (1400 a. C.) e Amenófis IV (1370 a. C.).
- Gregas: a Victória Alada da Samocrátia e a Vênus de Milo.
- Italianas: escultura Dois Escravos, de Michelangelo; a Mona Lisa, de Leonardo da Vinci e sua Virgem das Rochas; a Mulher no toilette, de Ticiano e o Velho e o Menino, de Ghirlandaio.
- Francesas: Pastores da Arcádia, de Poussin; Gilles e Embarque para Citera, de Watteau; La Verrou, de Fragonard; A Liberdade guiando o povo, de Delacroix; Enterro de Ornans, de Courbet.
- Holandesas e flamengas: Auto-retrato e Banho em Betsabá, de Rembrandt; Carlos I da Inglaterra, de Van Dyke; Helena Fourment, de Rubens.
- Espanholas: Retrato da Rainha Mariana da Áustria, de Velázquez; Cristo na Cruz, de El Greco; O Pé Torto, de Ribera.
- Alemãs: Autorretrato, de Dürer, Erasmo, de Holbein.
- Inglesas: Conversa em um parque, de Gainsborough.

O Museu do Louvre deixou-nos boquiabertos

pela sua magnitude, com seus mais de 350 mil objetos valiosos, desde relíquias do antigo Egito até as obras modernas. Não é à toa que ele é visitado todos os anos por milhões de turistas de todo o mundo. O museu possui cinco andares que inclui: subsolo, mezanino, térreo, primeiro e segundo andares. Para ingressar nele pode-se escolher uma das entradas: pelo pátio central onde fica a pirâmide, pelo Carrossel do Louvre ou pela Rua de Rivoli.

Há muitas obras para serem vistas, sendo aconselhável fazer uma programação antes de ir, para não deixar de ver o que interessa. Para isso, pode-se consultar os folhetos e mapas do Louvre com as orientações de como circular dentro do museu e no seu entorno. O Louvre funciona todos os dias, menos terça feira e é um programa imperdível para quem gosta de arte.

****

Uma terça feira de muita chuva. Tivemos de aguardar por mais de uma hora até o tempo ficar firme permitindo sairmos sem guarda-chuva. Parte do nosso grupo foi ao Palácio de Versalhes. Nós preferimos ficar e explorar, sozinhos, alguns cantos da cidade. Afinal, sabíamos algumas frases em francês, tínhamos alguns mapas e muita boa vontade e coragem.

Chegamos para o café da manhã e não encontramos os colegas, só o guia, que estava tomando café para ir com o grupo a Versalhes. Encontramos também uma companheira de viagem que acabara de tomar café sem leite, porque, assim como nós, ela chegou tarde para o café.

Concluímos rapidamente que nessas paragens, não havia fartura como nos hotéis brasileiros. O serviço era tipo "PF" (prato feito): um *croissant* e um pedaço de *baguette* sobre um jogo americano de papel e café com leite. Ou café sem leite para quem se atrasasse. Nada de fruta ou queijo. A estrutura do hotel era boa, mas nós éramos estrangeiros em excursão econômica pela Europa. *Lait c'est fini* (o leite acabou), disse a garçonete, respondendo à minha indagação.

Depois do café, saímos para conhecer um pouco mais de Paris. Nossa programação previa uma visita a Montmartre, chegando até Sacré-Coeur e, lá do alto, olhar e admirar a Cidade-Luz. Complementando o passeio com uma visita à Place de Tertre e andanças pelo bairro.

Saímos do hotel seguindo à esquerda da Rue de Tolbiac até o primeiro ponto de ônibus. Lá observamos detalhadamente o mapa para descobrir o número do ônibus que deveríamos pegar. Depois de um tempo confabulando, decidimos pegar o ônibus de número 27 com indicação de "Saint-Lazare". Essa inscrição indicava o destino (destination) do ônibus, ou seja, o ponto final.

No trajeto - um pouco longo - percebemos todas as facilidades que qualquer turista pode aproveitar: como pagar (olhando o que as pessoas faziam), onde descer (há indicação dentro do próprio ônibus no letreiro eletrônico que informa cada parada).

Resumindo, parecia que estávamos em terras brasileiras ou, no máximo, em terras lusitanas.

Descemos em St. Lazare e procuramos uma cabine para comprar os bilhetes para o metrô e o ônibus. Compramos um pacote de 10 passagens considerando nossas intenções para aquele dia. Parados na frente do mapa na entrada da estação de metrô, observamos tudo com cuidado e descemos a rampa, atentos às placas, pois dentro da estação tem vários caminhos, conduzindo a diversos destinos.

Seguimos na direção que levava à linha 3, mas antes de passarmos pela catraca, nos certificamos no balcão ao lado se o caminho era mesmo aquele. Estava indo tudo bem e nós aproveitamos para perguntar sobre a linha de metrô a tomarmos para chegar ao nosso destino. Confirmamos todos os dados e seguimos confiantes, eu toda contente com o meu francês arranhado. Seguimos para o ponto da linha 3, pegamos o metrô e depois de passar pela estação Europe, descemos em Villiers.

Cheios de esperteza, nos dirigimos, sem sair do túnel, para a plataforma que levaria à linha 2. Pegamos essa linha, passando por Rome, Place de Clichy, Blanche, Pigalle e descemos em Anvers. O metrô linha 2 indicava o destino: Nation. Chegamos bem e satisfeitos com esse ótimo meio de transporte: rápido, pontual, seguro e tranquilo.

Depois de anotar os dados para o meu "Diário de Viagem", decidimos andar pelo bairro de **Montmartre**, sem objetivo, adestrando os ouvidos com o francês dos franceses para, finalmente, escolher um cantinho para almoçar.

O nosso almoço foi em uma *brasserie* (restaurante que serve pratos simples, em ambiente descontraído). O garçom que nos serviu disse que gostava do Brasil, embora não o conhecesse. Afirmou que admirava o jogador Ronaldinho e tinha boas lembranças de Airton Sena. Achei interessante a preferência dos garçons franceses pelo futebol brasileiro. Era o segundo garçom que havia feito referência desse tipo. O garçom tinha uma expressão facial divertida. Mais divertida ainda quando prestava atenção nas caras e bocas que eu fazia enquanto falava francês. No final, deu tudo certo para ambos os lados e nós, de estômago forrado, fomos perambular mais um pouco, gastando pernas e imaginação em Montmartre.

Foi lá, por volta de 250 d. C. que Saint-Denis foi decapitado, apesar de ter sido ele quem trouxe o cristianismo para a capital parisiense. O bairro de Montmartre fica na parte alta da cidade e possui ruas estreitas e tortas. O bairro esteve ligado a artistas nos últimos 200 anos. Nesse bairro, Santo Inácio de Loyola fundou o movimento jesuíta em 1534 e nele estão as igrejas de Sacré-Coeur e a Saint-Pierre-de-Montmartre.

Passamos a tarde "montmartriando", a pé, nesse local antigo e muito simpático. Quando Visi esteve em Paris pela primeira vez, ficou hospedado em um hotel desse bairro. Ele tentou identificar o local exato, mas não conseguiu, apesar de ficarmos atentos a tudo, para não perder nenhum detalhe de vista. Nunca se sabe se "cada vez" é a primeira de algumas, ou a primeira e única. Quando ele esteve nesse bairro anos atrás, talvez tenha pensado que não voltaria outra vez e, no entanto, ali estava ele, procurando novidades, mais uma vez.

Para chegarmos a **Sacré-Coeur**, andamos um pouco, depois tomamos o *funiculaire* (funicular), um bondinho que rola sobre trilhos e cuja passagem é paga com o mesmo bilhete do ônibus e do metrô.

Sacre-Coeur é uma igreja muito bonita. Gostei da claridade interior e da brancura e formato externos. Essa brancura vem de suas paredes externas construídas com o calcáreo de Château - Landon, que descora em contato com o dióxido de carbono no ar e endurece com o tempo. O acesso ao interior da igreja é feito através de uma escada com vários degraus. Das escadas, tem-se uma linda vista da cidade. Este é o ponto mais alto de Paris.

Após sair da igreja, resolvemos ir à **Place de Tertre**, apenas seguindo o mapa. Para chegar até lá, fizemos uma grande escalada. Primeiro, subindo por umas ruas estreitas e com ladeira, tirando fotos enquanto caminhávamos e, finalmente, subimos, "à prestação", uma íngreme escada. É que nós já havíamos nos afastado bastante da praça quando descobrimos a direção em que ela ficava. Não achamos admissível ir embora de Paris sem conhecê-la. A curiosidade nos fez voltar.

Havia muitos artistas na praça. Ali, um deles moldou "minha sombra" de perfil. Não resultou numa imagem parecida comigo, mas fiquei com o produto e guardei no álbum de fotografias.

Tertre é um recanto simples e tranquilo. Um bom lugar para onde se pode fugir do burburinho parisiense. Lá, tem-se a impressão de estar numa praça do interior de uma cidade qualquer, com uma igrejinha por perto, em qualquer lugar do mundo. O que há de especial nela é que não se parece com Paris - a sofisticada cidade que conhecemos nos dois dias anteriores.

Depois da Place de Tertre, fomos a **Saint-Pierre-de-Montmartre** que é uma das mais antigas igrejas de Paris (1147). Constitui-se uma obra gótica, com fachada do século XVIII. Lá assistimos ao final de um casamento. No largo da igreja, músicos tocavam para os noivos. Enquanto aguardávamos a saída dos noivos, fiz as seguintes anotações (impressas em francês) captadas da placa ao lado da igreja: "Igreja abadial do mosteiro real dos beneditinos de Montmartre de 1147 até nossos dias".

E assim deixamos Montmartre. Voltamos para o hotel convictos de que podíamos circular em Paris sem restrição, pois havíamos passado no teste do idioma e das andanças para descobrir a cidade, cumprindo tudo o que havíamos planejado para aquele dia memorável. Ainda arriscamos uma descida do metrô fora da estação prevista, para testar nossa habilidade em "voltar para casa". Quando chegamos ao hotel já era noite. Precisávamos repousar para a viagem do dia seguinte.

****

Estávamos fora do Brasil havia uma semana. Tínhamos a sensação de que o tempo longe do nosso

96

país fosse maior, pois em uma semana tivemos contato com muitas experiências novas. Nossas visitas em cada lugar tinham sido rápidas, porém havíamos aproveitado bastante. Nas visitas guiadas ou nas que fizemos por conta própria, o que ajudou foi o planejamento - selecionar antes o que seria visto. Essa condição foi fundamental para não perdermos tempo.

Antes de viajarmos, sabíamos que teríamos de dormir menos e acordar cedo. Sabíamos também que as refeições teriam que ser feitas rapidamente nas paradas técnicas das rodovias, que não haveria maré mansa. Estávamos imbuídos do espírito de "descobridores" explorando tudo o que estivesse ao nosso alcance.

Nessa viagem não pretendíamos ter o domínio de nenhuma cidade ou país. Queríamos ter uma "visão cigana", convictos de que nos assemelhamos ao tempo: o mesmo instante é presente e logo, logo, passado. Estávamos, portanto, procurando "fazer a hora", aproveitar momentos e, no fundo, concordando com Fernando Pessoa quando diz:

Viajar! Perder países!
Ser outro constantemente,
Por a alma não ter raízes
De viver de ver somente!

Não pertencer nem a mim!
Ir em frente, ir a seguir
A ausência de ter um fim
E a ânsia de o conseguir!

Viajar assim é viagem.
Mas faço-o sem ter de meu
Mais que o sonho da passagem.
O resto é só terra e céu.

E assim prosseguimos a nossa viagem, levando na bagagem a vontade de descobrir e desfrutar das novidades, sem nos impor nenhuma obrigação. O próximo porto seria outro país, com outra moeda, outro idioma e outras descobertas.

A caminho da Alemanha

Saímos de Paris às 7 horas e 30 minutos com destino a Bruchsal, na Alemanha. Nessa rota, passamos por cidades e vilarejos da França e outros da Alemanha, com poucas paradas, pois a maioria não fazia parte do roteiro da excursão. Deveríamos nos contentar em avistá-los e receber algumas informações sobre esses locais, o que serviria de estímulo, ou não, para incluí-los em futuras visitas pelos dois países.

Algumas dessas cidades foram guardadas nas nossas memórias de viagem e realimentam nossas aspirações de vez em quando. É o caso de **Campagne**, uma das cidades atacadas pela guerra durante a Revolução Francesa (1790) e situada na região de Nova Aquitânia, no departamento de Dordogne. Apesar de pequena, a localidade tem algumas atrações para oferecer aos visitantes, sendo uma das mais conhecidas o Castelo de Campagne que fica às margens da rodovia D706, com acesso livre aos jardins.

Outra localidade na nossa rota foi **Reims**, cuja igreja constitui o edifício mais alto da cidade (2001). Como em outros locais da Europa, a construção de igrejas imponentes tinha o objetivo de criar um ponto que fosse atrativo para o povo. Segundo o guia, o objetivo da igreja era criar "marcas": relíquias dos santos, personagens bíblicos, indumentárias. Os primeiros turistas da Europa não eram "turistas culturais" e sim "turistas religiosos". Ele informou que na igreja de Reims há esculturas de anjos sorrindo. É uma igreja em estilo gótico, com mais de 700 anos de história. As cristaleiras que ficam atrás do altar foram restauradas após a Revolução.

Mais adiante chegamos a uma das regiões mais sofridas durante a guerra Franco-Prussiana, no final do século XIX, quando houve um conflito entre o Império Francês e o Reino da Prússia e durante o qual a Prússia recebeu apoio da Alemanha do Norte da qual fazia parte. A vitória da Alemanha levou à sua unificação e à queda de Napoleão III e do sistema monárquico da França.

Uma das cidades atacadas foi **Verdun**, situada na região do Grande Leste (Grand Est), no departamento de Mosa, onde predomina a planície, que é aproveitada para o cultivo de vinhedos e girassóis. Verdun é considerada cidade símbolo da Grande Guerra, porque lá ocorreu a Batalha de Verdun, durante vários meses, resultando na morte de milhares de soldados. Boa parte dos pontos turísticos da cidade fazem referência à guerra: Memorial de Verdun (museu, memorial, monumento), Douaumont Ossuary (monumento e memorial de guerra), Underground Citadel of Verdun (museu de guerra), Fort Douaumont (fortaleza), Porte Saint Paul (marco histórico). Centre Mondial de la Paix (museu), Catedral de Verdun.

Num determinado trecho da estrada observei a existência de esculturas piramidais, circulares, quadradas, cúbicas, retangulares. São obeliscos coloridos, colocados ao longo da pista, ora à esquerda, ora à direita. O objetivo é quebrar a monotonia da estrada muito reta, com vegetação toda igual. As esculturas são multicoloridas, cada conjunto formando um degradê de cores como: laranja, azul, lilás e verde, proporcionando uma visão bonita à paisagem.

Adiante, nos deparamos com placas que sinalizavam a aproximação de **Mertz,** outro município do Grand Est, localizado na confluência dos rios Mosela e Seille. É uma cidade bastante conhecida por abrigar arte contemporânea, pelo rio Mosela, pelos vitrais de sua catedral e por ter uma central nuclear. Nessa região, como em outras por onde passamos desde a saída de Paris, há muito verde de um só tom, escuro.

Trafegávamos por um trecho montanhoso, mas as montanhas que víamos, apesar de serem grandes e numerosas, não são as maiores montanhas da França. Em Vaucluse, por exemplo, no sudeste da França, as montanhas ocupam metade da região. E na fronteira entre a França e a Itália o Mont Blanc tem mais de 4.800 metros, sendo considerado o pico mais alto da Europa. Mont Blanc não forma um monólito de granito, mas uma série de maciços separados por cortes onde se alojam os maiores glaciares.

Entre uma fala e outra do guia, éramos arrebatados por uma soneca que ajudava a manter a forma e o bom humor necessários para fazer as caminhadas quando chegássemos à Alemanha. Mas a viagem estava tranquila, já havíamos adquirido o ritmo de excursionistas rodoviários. Tão acostumados que, às vezes, nos assustávamos com o aviso de que haveria parada técnica. Foi o que aconteceu quando nos aproximamos de Longeville-sur-Mer.

Longeville-sur-Mer é uma localidade que faz parte da região Pays de la Loire. Paramos para o almoço no restaurante "Relais". O guia nos informou que, na hora de pagar a conta, deveríamos falar a palavra *"parapluie"* (guarda-chuva), para termos desconto de 10%. Nós só lembramos do alerta depois que saímos do restaurante.

Longeville tem algumas atrações que nós não chegamos a conhecer, mas são indicadas para quem deseja passar umas férias por lá, à luz do sol, desfrutar de boas praias, da pesca, da equitação, dos passeios de barco ou de canoa durante o verão ou fazer caminhadas aproveitando sua floresta litorânea composta de pinheiros e azinheiras.

Depois do almoço seguimos nosso roteiro, dormindo. Quando acordei, o guia falava sobre o país onde aportaríamos naquela tarde. Ele lembrava que na Alemanha o vinho não era recomendável. Quem gosta de uma boa bebida, deveria tomar cerveja. Esse aviso despertou quem ainda estava dormindo, que espichou o pescoço e apurou os ouvidos para checar se a informação era sonho ou realidade.

Ele comentava, ainda, que as fronteiras que existem entre a França e a Alemanha ou entre outros países são representadas muitas vezes pelos rios e montanhas, ou seja, são fronteiras geográficas.

Um exemplo disso é a região onde ficam as

cidades de Strasbourg, na França e Kehl, na Alemanha, na qual o rio Reno representa a fronteira física entre elas. Entretanto, apesar dessa demarcação e de um passado histórico de conflitos nessa área, existe a cooperação franco-alemã, que trouxe como resultado a decisão da União Europeia de tornar Strasbourg a sede do Parlamento Europeu. Tal decisão foi uma demonstração do espírito transfronteiriço de ambos os países, não havendo o monopólio de um ou outro na criação de políticas para a região.

Strasbourg, última cidade francesa por onde trafegávamos naquele dia, é a maior cidade do Grande Leste, sendo também sua capital. Com o título de "Capital da França", a cidade foi incluída pela UNESCO na lista do Patrimônio Mundial desde 1988. Strasbourg possui uma cultura e arquitetura que mesclam influências alemãs e francesas. Sua aglomeração urbana se estende até o outro lado do rio, à cidade de Kehl que é, geograficamente, o espelho de sua vizinha cidade francesa.

Como pontos de interesse, Strasbourg oferece um leque de opções: museus, igrejas, parques, praças, pontes, passeios de barco e de bicicleta e alguns castelos. Tem ainda a Ilha Grande (formada pelo Rio III que atravessa a cidade e deságua no Reno) A Ilha fica no centro histórico, de onde é possível admirar vários monumentos como a Catedral de Strasbourg (a quarta catedral maior do mundo), igrejas medievais, além de palácios e hotéis.

Na Catedral existe um relógio astronômico que apresenta todas as noites o famoso espetáculo de animação que conta histórias, como por exemplo, a história dos apóstolos desfilando diante de Cristo, enquanto o galo canta e bate as asas três vezes, em alusão à negação de Pedro. Outro atrativo da catedral é a sua escada espiral de 332 degraus que dá acesso ao topo, de onde as pessoas podem ter a vista privilegiada de toda a cidade. Com tantas atrações, a cidade merece uma visita mais prolongada, o que não foi possível para nós.

Sem motivo para reclamar, nos despedíamos do território francês guardando as informações sobre uma cidade perfeita para conhecer a pé, sem alvoroço, para dar tempo de participar das experiências sugeridas, passear pelas margens do Rio III e depois ficar em uma mesa perto do píer e deixar o tempo fluir.

Adentramos em território alemão. Fizemos uma parada para trocar o dólar pelo marco alemão, onde US$ 1 correspondia a 2 marcos. A Alemanha era o terceiro país onde ingressávamos. País pequeno, porém, um dos mais ricos da Europa. Faz fronteira com oito países e nele sobeja a diversidade. Há quem diga que uma viagem por essas terras é como uma viagem a vários mundos. A Alemanha possui uma variedade de costumes, tradições e religiões que moldam uma cultura rica em arte, literatura, filosofia, história, amor pela natureza e uma especial atração por cerveja, batata e salsicha.

Existe a Alemanha das paisagens, das cidades, do presente, do passado, da atividade e da tranquilidade. Sua reunificação ocorreu em 1990 e, com isso, ela quer se mostrar aberta a diversas nações. O país é dividido em grandes áreas geográficas, contendo 16 estados: Baden-Würtemberg; Baixa Saxônia; Baviera; Brandemburg; Hessen; Mecklemburgo-Pomerânia Ocidental; Renânia do Norte-Vestfália; Renânia-Palatinado; Sarre; Saxônia; Saxônia-Anhalt (Alta Saxônia); Schleswig-Holstein; Turíngia; Berlim; Brémen e Hamburgo. Os grandes estados, como por exemplo, Baden-Würtemberg e Baviera estão divididos em regiões administrativas, enquanto outros tiveram suas regiões administrativas dissolvidas.

Todos os estados estão divididos em "distritos" e esses divididos em "cidades ou municípios", à exceção de Berlim, Bremen e Hamburgo que são denominados de Cidades-Estados, ou seja, são cidades independentes (também chamados de distritos urbanos), embora em termos de governo estejam sob o poder da República Federal da Alemanha. O país possui 323 distritos (incluindo os rurais) e 116 cidades independentes, totalizando 439 governos distritais. Por outro lado, as "cidades e municípios" totalizam mais de 12 mil. Como se não bastassem tantas nomenclaturas, os municípios grandes são chamados de "cidade" e os menores de "município".

Dentre os 16 estados, o que tem maior área territorial é a Baviera, enquanto o mais populoso é Berlim, com mais de 3,7 milhões de habitantes. Em alguns estados, o chefe de governo é chamado de Ministro, que corresponderia no Brasil ao Governador. Em termos territoriais, a Alemanha equivale ao Mato Grosso do Sul, com 357.120 km², enquanto o estado brasileiro possui 357.145 km².

A norte, a Alemanha é banhada pelo mar. Suas atrações são as pequenas ilhas que ficam ao longo da costa com praias de areia fina. No mar Báltico há enseadas a oeste e praias a leste. Há colinas, muitas florestas e lagos tranquilos a poucos quilômetros da costa.

O centro é composto de paisagens das montanhas de altitude média e verde de dois tons. Há estações climáticas e estâncias termais. Pode-se fazer excursões a pé ou de bicicleta, passando à beira de riachos. Há uma grande preocupação em conservar a natureza, daí ser possível a existência de plantas e animais raros na região por onde passávamos.

A sul, as características são de regiões pantanosas, colinas abauladas e grandes lagos. O povo é alegre e sociável. A proximidade da natureza torna o alemão desta área mais descontraído, fazendo o turista esquecer que este é um país industrializado.

Há também uma Alemanha para ser navegada, através da qual correm grandes rios, tanto ao norte como ao sul, a leste ou oeste. De acordo com informações do guia, existem bons navios com estrutura para fazer qualquer pessoa feliz. Algumas dessas embarcações trafegam pelo Reno, passando por Rotterdam, Países Baixos e Basiléia, essa última na Suíça.

Pode ser conveniente navegar pelo rio Danúbio, aquele rio democrático que passa por várias capitais da Europa e é considerado um rio multinacional. Ele banha oito países: Alemanha, Áustria, Hungria,

Tchecoslováquia, Iugoslávia, Bulgária, Romênia e União Soviética.

Mas os românticos podem escolher uma viagem pelo rio Weser, pois ele é ladeado por colinas cobertas de florestas, passando por cidades românticas, mosteiros e palácios do Renascimento. Para fortalecer o romantismo, degustando um vinho em alguma parada, pode seguir pelo rio Meno, passando pela cidade de Miltenberg, na Baviera, e pela região vinícola da Francônia, repleta de belezas naturais ou, ainda, seguir pela cidade de Würztzburgo, conhecida pela fortaleza de Marienberg.

A parte oriental da Alemanha pode ser conhecida navegando pelo rio Elba. Saindo de Hamburgo ou Lauenburg, vai até Bad Schandau, ao sul de Dresden. Conhece a cidade medieval de Tangermünde, a catedral de Magdeburg, a cidade de Martinho Lutero - Wittenberg e a fabricação de porcelana em Meissen.

Com tantos rios, paisagens e monumentos de extrema beleza para ver, vale a pena, na medida em que o bolso permita, fazer uma viagem seguindo um desses roteiros. Ou vários, porque interesse não se discute.

Nossa viagem não incluiu a navegação, porém contemplou paisagens com muito verde, uma natureza harmônica que causou a sensação de frescor o tempo todo. Nosso roteiro abrangeu parte da Alemanha romântica e parte da Alemanha que conserva suas recordações, como se o tempo não tivesse passado. Colinas, rios cortando as cidades, castelos e monumentos bem cuidados, tudo isso nos fez perceber o sentimento de patriotismo e preservação que os alemães têm em relação ao seu patrimônio natural, cultural e histórico.

A Alemanha possui igrejas em estilo gótico, com torres arranha-céus ou barrocas. Há castelos, palácios e cidades medievais, com tijolos à vista. Tem ainda a tranquilidade das cidadezinhas, o vale do Reno, a Floresta Negra que serve de pano de fundo para os contos de fadas. Ah! Tem os Alpes, que são um capítulo à parte.

Esse foi o cenário que nos alegrou nessa rota, cruzando dois estados alemães (Baden-Württemberg e Baviera), de ônibus. Em todo o percurso por esse país, observamos estradas bem conservadas, sem emendas, embora sejam mais estreitas que as da França. A velocidade permitida para os veículos que não possuem licença para correr livremente (como o nosso ônibus) é de 80 km por hora.

O estado de Baden-Württemberg fica no sudoeste do país, a leste do Alto Reno, possui uma superfície de 35.751 km², sendo o terceiro maior estado alemão em área territorial, como em população. Sua capital é Sttutgart.

Já a Baviera está localizada no sudeste do país, tem uma área de 70.550 km², sendo o maior estado alemão em termos territoriais. Sua capital e maior cidade é Munique. O ponto mais alto da Alemanha, Zugspitze, com quase 3 mil metros de altitude está localizado nos Alpes da Baviera.

A região da Baviera é muito procurada por

turistas devido sua variedade de atrações, desde as tradicionais até as inovadoras. Tem as áreas dos picos alpinos e as áreas de planícies, florestas, lagos, cidades muradas, compondo uma série de imagens conhecidas através de material de divulgação da Alemanha para o mundo.

Como o país é pequeno e muitas cidades de Baden-Württemberg e da Baviera têm características de vilarejo, em poucas horas passamos por muitas localidades, registradas em parte, para evitar uma narrativa mais longa.

Estado de Baden-Württemberg

Nesse estado, trafegamos nas imediações de **Bühl** que fica no distrito de Rastatt, na região administrativa de Karlsruhe. E a seguir, avistamos **Rastatt**, cujas referências indicam uma localidade com construções barrocas e belos castelos no Alto Reno, além de paisagens naturais, estando situada perto da Floresta Negra.

Karlsruhe foi outra cidade da qual nos avizinhamos. Nela foi instalada a primeira universidade tecnológica da Alemanha. O guia informou que nessa cidade vivem muitos estrangeiros e que sua universidade constitui um vetor de atração para estudantes do mundo todo. A localidade é conhecida como porta de entrada para quem quer conhecer a Floresta Negra.

Havia chegado a hora de atravessarmos a ponte do segundo mais importante rio da Europa, depois do Danúbio - o rio Reno. Fizemos a travessia dentro do ônibus e essa passagem me trouxe a lembrança da viagem que fiz ao Pantanal, alguns anos antes. Em muitas travessias sobre pontes, o guia brasileiro pedia para que os passageiros descessem do ônibus e atravessassem andando, devido ao estado de conservação de algumas dessas pontes.

Estávamos no meio da tarde e o sol havia desaparecido dando lugar a uma bruma cinzenta. Quando saímos da França pela manhã o dia estava claro, embora nos três dias anteriores houvesse chovido. Parece que nossa sorte era ter que conviver com a chuva durante a viagem. Fazer o quê? Aproveitar o caminho, o tempo e a disposição. Aproveitando essa disposição, antes de desembarcarmos na primeira cidade alemã, o guia passou algumas dicas sobre o idioma alemão, não para utilizarmos, mas acreditamos que era uma forma de nos tornar mais próximos e familiarizados com os sons que ouviríamos na Alemanha e na Áustria, onde também vigora o mesmo idioma.

Algumas palavras e frases que registrei: Ja/Nein (Sim/não); Okay (ok); Gut/Ausgezeichnet (bom/excelente); Stimmt (está certo); Guten Morgen (bom dia); Guten Tag (bom dia a partir das 10 horas da manhã; boa tarde); Hallo (oi/olá); Auf Wiedersehen (até logo/adeus); Danke (obrigado); Nein, danke (não, obrigado); Bitte (por favor); Entschuldigung (desculpe; sinto muito); Entschuldigen Sie bitte (com licença, por favor); Wo bekomme ich...? (onde posso conseguir...?); Was kostet das? (quanto é?); Ich spreche kein Deutsch (não falo alemão); Ich verstehe nicht (não compreendo); Ich weiB nicht (não sei); Sprechen Sie bitte etwas langsamer (por favor, fale mais devagar); Ich habe mich verlaufen (eu me perdi); Hier ist meine Karte (aqui está meu cartão).

Certamente essa não é uma língua para se aprender dentro de um ônibus, mas valeu a intenção do guia em querer que participássemos desse laboratório de idioma ambulante que, mesmo tendo pouca eficácia, pelo menos nos divertiu um pouco. Enfim, chegamos a **Heidelberg**.

Heidelberg

Localizada às margens do rio Neckar, sudoeste da Alemanha, na região administrativa de Karlsruhe, Heidelberg é a quinta maior cidade do estado de Baden-Württemberg. É famosa porque foi nela onde se estabeleceu no século XIV a primeira universidade da Alemanha, que ainda hoje é reconhecida na área da medicina.

Heidelberg serviu também como uma das bases da Reforma Protestante, tendo recebido Martinho Lutero em 1518. A partir do contato de Frederico II, um nobre, com pastores reformados, foi criado o Catecismo de Heidelberg e a Fé Reformada tornou-se oficial na cidade.

Nosso objetivo principal era visitar o Castelo de Heidelberg. Fomos conduzidos primeiro para esse fim e depois para uma visita panorâmica passando por alguns pontos turísticos na área histórica. O Castelo de Heidelberg figura como atração número

1, símbolo da cidade, constituindo uma das mais famosas ruínas da Alemanha. Trata-se de um palácio erguido a 80 metros acima da base do vale numa colina denominada Königstuhl, com arquitetura renascentista. O local serviu de residência de Príncipes até a Guerra de Sucessão no Palatinado, quando foi destruído pelos soldados de Luís XIV, da França.

Na área histórica fizemos caminhada, apreciando: o Edifício Palácio do Congresso; o Hotel Ritter alojado em um prédio do século XVII; a igreja do Santo Espírito; construções com tijolos à vista em tom avermelhado e casas com jardineiras floridas à altura das janelas. Nessa área tem a estação do funicular que leva os turistas até o castelo, caso não queiram ir andando. Saindo da igreja do Santo Espírito pega-se a direção da Ponte Velha, atravessando-a para ir até o caminho dos filósofos que, segundo dizem, serve de refúgio para eles pensarem com tranquilidade e olhar a cidade de longe.

Observamos ainda as principais ruas com restaurantes e comércio de roupas e calçados. A cidade tem lojas com roupas de inverno belíssimas, que preenchem com glamour as vitrines, enchendo os nossos olhos e esvaziando os bolsos de muitos turistas.

No fim das andanças paramos em uma loja para comprar postais, tendo a nossa primeira experiência com a nova moeda: o marco alemão. Nossos companheiros de viagem e eu também, ficamos confusos na hora de efetuar o pagamento. Só se via turista colocando todas as moedas sobre o balcão e a atendente recolhendo as que serviam para o pagamento. Depois de todas as trapalhadas seguimos, a pé, acompanhando o guia.

Estava chovendo, o que dificultou o registro de muitas cenas. As pessoas fizeram uso de sombrinhas, capas de chuva, lenços, chapéus e quem não dispunha de nada disso, usou o casaco que estava vestindo para proteger a cabeça. Alguns caminharam sem nenhuma proteção sob a insistente, porém leve chuva alemã, que resfriava o ar e os pulmões.

Seguimos para o ônibus e, após a acomodação de todos, partimos de Heidelberg às 19 horas e 15 minutos com destino a Bruchsal, onde pernoitamos. A essa hora, o sol estava se pondo sem pressa. A chuva havia passado, nos dando a alegria de admirar uma natureza verdejante.

Prosseguíamos nossa viagem ainda no estado de Baden-Württemberg, atravessando ou margeando outras cidades e municípios desse estado. Como o dia ainda estava claro, dava para identificar as placas à beira da estrada indicando as localidades das quais nos aproximávamos. Foi o caso de **Wiesloch,** cidade do distrito de Rhein-Neckar-Kreis, ainda na região de Karlsruhe. Um dos meios de transporte desse município é o trem e suas melhores atrações turísticas se concentram nas cidades vizinhas, como Walldorf e Heidelberg.

Prosseguindo na mesma região, avistamos outro parceiro de rota que foi o município de **Ubstadt-Weiher** , situado ao norte de Karlsruhe e onde se pode escolher uma das diversas trilhas de bicicleta que levam a localidades próximas dali, cabendo ao ciclista escolher a que lhe convém, de acordo com o grau de dificuldade exigido, que vai de moderado a difícil.

Com a atenção dispersa pelo cansaço, nosso foco se voltava naquele momento para o próximo pouso. Enquanto os passageiros pareciam dormir, o guia havia se recolhido ao silêncio, brinde que ele nos oferecia de vez em quando. Desembarcamos em **Bruchsal**.

Bruchsal

Embora sendo a maior cidade do distrito de Karlsruhe, Bruchsal tem poucas atrações turísticas. Os destaques dirigem-se para: o castelo de Bruchsal, a linda igreja de S. Pedro e o Belvedere, local de onde se tem uma vista de toda a cidade e é utilizado para a realização de cerimônias de casamento e outras festividades.

Nosso pernoite foi no Hotel Busines, situado em uma rua muito tranquila e com excelente acomodação. Quando entramos no quarto nos assustamos com o que parecia ser alguém deitado. É que o cobertor e o travesseiro tinham enchimento de penas e a cama estava artisticamente arrumada. Com essa disposição dos lençóis supomos que faria muito frio à noite, o que de fato aconteceu.

Ficamos em um apartamento no térreo e assim que as malas chegaram, testei as torneiras do banheiro e logo percebi que seria fácil alcançar um nível de temperatura adequada para um bom banho, sem precisar brigar com as torneiras nem com a água.

****

Dormimos bem, a ponto de sentirmos preguiça. Foi nesse clima que aproveitei para completar minhas anotações sobre a cidade. Depois do inigualável banho e do mais completo café da manhã oferecido nessa excursão até aquele momento, nosso estado de espírito era o melhor possível. Estávamos felizes e prontos para seguir viagem em uma quinta feira de sol claro. São Pedro estava do nosso lado apoiando nossas aventuras.

Eram 8 horas da manhã quando deixamos o hotel, seguindo para um tour pela cidade antes de pegarmos a estrada em direção à Áustria. Até lá, percorreríamos ainda várias localidades alemãs, que nos trariam outras imagens e informações sobre o país, preenchendo o espaço dos nossos desejos por novidades. Continuávamos ainda no estado de Baden-Württenberg, depois viria o estado da Baviera, antes de adentrarmos em território austríaco.

Trafegávamos por uma região de muitas colinas e grandes lagos. A previsão era de chegarmos à Áustria pela zona ocidental, considerada a mais bonita. Iríamos atravessar os Alpes, penetrando no coração da Europa - na região chamada Tirol.

Seguíamos nessa maré mansa, o ônibus deslizando suavemente na pista, enquanto eu desfrutava de uma comodidade tão grande que me recostava na poltrona e, sem querer, acabava dormindo. Assim ia aproveitando para atualizar o sono e, quiçá, os sonhos.

Percebi que estávamos passando por **Weingarten**, cidade que fica no distrito de Ravensburg, região administrativa de Tubinga. O guia nos acenou para uma possível futura visita a essa cidade para conhecer as pérolas escondidas no Alamannemuseum – um museu de história, ou visitar o bonito parque Stadtgarten, motivos perfeitos para retornar a essa região. Cumprido o seu papel de anunciar, ele recolheu-se ao silêncio por instantes.

Fechei novamente os olhos e quando levantei as pálpebras, fiquei surpresa. De repente, pensei que estava no Brasil, pois já havia me acostumado a deslizar nas estradas europeias sem enfrentar engarrafamento. Tinha sido assim na Espanha e na França. O que aconteceu? - Perguntei a Visi e ele me respondeu que era um engarrafamento que já durava minutos. O nosso primeiro engarrafamento europeu.

O guia nos informou que esse *atasco* (engarrafamento, em espanhol) ocorre em virtude da circulação de muitos caminhões de carga. De fato, estávamos cercados por todos os lados de gigantes caminhões com cargas muito bem cobertas, não dava para saber qual tipo de produto levavam.

Não podíamos fazer nada, a não ser relaxar. Deixei escapar um suspiro, dois, três. Na nossa frente, atrás e do lado, todos dormiam. Então, como uma manifestação de solidariedade, eu também fechei os olhos. Só por uns segundos, pois fui conduzida por um lampejo de consciência a dar uma olhada nas minhas anotações. Preenchi lacunas, recorrendo ao mapa rodoviário e as placas às margens da estrada.

Esse engarrafamento aconteceu na altura de **Durlach**, cidade pertencente ao distrito de Karlsruhe, no estado de Baden-Würtembeg, um dos estados que atravessamos durante boa parte daquele dia. Devido ao extenso e demorado engarrafamento, o motorista resolveu tomar uma direção diferente da programada, pegando o primeiro retorno que encontrou, levando-nos a uma localidade chamada Ettlingen.

Ettlingen é a segunda maior cidade do distrito de Karlsruhe, depois de Bruchsal. Possui arquitetura medieval e faz fronteira com a França, na cidade de Lauterbourg que fica a 15 km. O centro da cidade tem calçadão, muitas lojas e restaurantes. Um dos seus locais históricos é o Ettlinge Palace, um admirável palácio barroco no centro da cidade! O município possui uma trilha para andar de bicicleta indo até Karlsruhe, distante dali 8 km. Aprovamos nossa passagem por esse local com ares de ser bem administrado, tranquilo e com boa qualidade de vida.

Saímos de Ettlingen. Eu não podia acreditar no que estava vendo naquele instante: um novo engarrafamento. Ou seria o mesmo? A busca de atalho só serviu para visitarmos panoramicamente Ettlinge, o que valeu a pena, claro. Mas, o meu corpo havia se agitado um pouco nesse tour e eu sentia calor. Tirei o agasalho. Lá fora, o tempo continuava magnífico, o céu sem nuvens e o sol intensamente aceso de fazer inveja a qualquer brasileiro, nordestino, em época de verão.

Eram 9 horas e 50 minutos e nós estávamos viajando há quase duas horas. Poderíamos estar mais longe, não fosse o engarrafamento. Havia previsão de chegarmos a Stuttgart dentro de meia hora. Naquela estrada e naquele dia, nossa experiência com o engarrafamento foi completa. Dificilmente chegaríamos ao nosso destino na hora prevista.

Já que não chegávamos a lugar algum, eu ia admirando a paisagem, conversando um pouco com a vizinhança e olhando as placas que apontavam direções de várias cidades. Numa dessas olhadas, vi a placa que levava a **Stupferich**, um município pitoresco, situado no distrito de Karlsruhe que, segundo o guia, conquista visitantes por causa de seus vários restaurantes com comidinhas típicas apetitosas, um lembrete torturante para estômagos ansiosos.

Mais adiante, avistamos uma cidade que faz parte do roteiro de muitos turistas que viajam para a Alemanha. Era **Pforzheim**, situada ao norte da Floresta Negra, a 25 quilômetros de Karlsruhe. Durante muito tempo essa cidade foi o centro da indústria de joias e relógios da Alemanha, ficando conhecida como a "Cidade do Ouro".

Mas sua história tem também marcas de sofrimento muito fortes, porque ela foi destruída pelos bombardeios de 23 de fevereiro de 1945, em apenas 22 minutos, por aviões da força aérea britânica que reduziram 80 por cento da arquitetura da cidade a escombros. Embora tendo sido uma tragédia de grandes proporções, ela não é lembrada com a mesma atenção dada a outros bombardeios em cidades da Alemanha. Para não ser esquecida, os moradores de Pforzheim se reúnem todo ano na Praça 23 de fevereiro, na data que dá nome à praça e depositam velas formando uma pomba, enquanto os sinos da cidade tocam sem parar durante 22 minutos.

Alguns quilômetros após Pforzheim, passamos perto de **Leonberg**, cidade pertencente ao distrito de Böblingen, na região administrativa de Stuttgart. A cidade está instalada a menos de dois quilômetros da rodovia A8, por onde trafegávamos. Logo a seguir, chegamos a Stuttgart, cumprindo o ritual da parada técnica.

Stuttgart é a capital e a maior cidade do estado de Baden Württemberg e foi fundada por volta do ano 950 d. C. Mais tarde, em 1300, ela se tornou residência dos condes de Württemberg que a expandiram com assentamentos, transformando-a em capital desse território. Mas ela só foi elevada à categoria de cidade em 1321, quando se tornou residência oficial do rei. Nos anos 50, as regiões de Baden e Württemberg foram transformadas em uma só – Baden-Wüttemberg – o que, supostamente, desagradou a alguns moradores dessas regiões, os quais rivalizam ainda hoje.

Geograficamente, Stuttgart fica perto da Floresta Negra e das montanhas do Alpes da Suábia, funcionando como porta de entrada para quem visita essas regiões. O centro da cidade situa-se em um vale rodeado de bosques e vinhedos. No entanto, paradoxalmente, nos meses de verão esse miolo torna-se muito quente, recebendo o apelido de "caldeirão" ou "chaleira" pelos moradores e, nos meses de inverno, recebe menos neve que outras partes da cidade. As temperaturas em qualquer estação do ano variam muito entre o dia e a noite.

Stuttgart constitui uma zona bastante desenvolvida na indústria automobilística, tendo acolhido duas grandes montadoras: A Porsche e a Mercedes-Benz, o que gera grande arrecadação de impostos.

Voltando para o ônibus, continuamos a nossa rotina. A minha era diferente da dos demais, porque eu fazia anotações e já estava chamando a atenção de alguns com olhares ou perguntas. Depois da parada técnica eu costumava fazer uma pausa na escrita e apenas olhar pela janela prestando atenção às informações do guia, sem anotar.

Todos estavam abastecidos, inclusive o motorista, e a torcida era para que não houvesse nenhum obstáculo que interferisse nos nossos objetivos. Enquanto o condutor seguia com determinação, nós aproveitávamos o caminho, olhando os povoados, alguns com características rurais, outros mais urbanizados, com distâncias muito curtas uns dos outros.

Ainda na região de Stuttgart, cruzamos localidades como: **Leinfeld-Echterdingen**, cidade com nome complicado que fica no distrito de Esslingen, onde também estão situadas **Filderstadt** e **Holzmaden**. Em Holzmaden, há um museu, organizado e administrado pela família Hauff - Urwelt Museum Hauff – que fica à beira da rodovia A8, podendo ser visitado por quem se interessa por geologia e fósseis.

Seguíamos nosso rumo, nos aproximando dos últimos municípios da região de Stuttgart, antes de chegarmos à região de Tubinga. Depois de passarmos por **Kirchheim**, no distrito de Ludwigsburg, chegamos a **Gruibingen** e a **Drackenstein**, municípios com nomes estranhos, ambos situados no distrito de Göppingen. Drackenstein fica a 32 km de **Dornstadt**, município localizado no distrito dos Alpes-Danúbio, na região de Tubinga. O registro da quilometragem é só para lembrar que uma região congrega várias cidades e municípios, em geral havendo pouca distância entre eles. A presença dessas cidades e municípios ao longo do trajeto quebra a monotonia da rodovia e concede às empresas de turismo mais oportunidades de escolha dos locais de parada técnica.

Nessa mesma região de Tubinga, a poucos quilômetros de onde estávamos, fica a cidade de **Ulm**, mas não passamos por lá. Apesar disso, registrei algumas informações e curiosidades sobre esse lugar.

Ulm é um distrito urbano independente, localizado na margem direita do rio Danúbio, na fronteira entre os estados de Baden-Württemberg e Baviera, constituindo uma das cidades mais importantes da Alemanha. Do outro lado do rio, está a cidade gêmea Neu-Ulm.

Na catedral de Ulm, encontra-se a mais alta torre de igreja do mundo: 161 m e 768 degraus. Outro marco arquitetônico de Ulm é a torre dos

Açougueiros, inclinada como a de Pisa, na Itália. Diz a lenda que a torre entortou porque os açougueiros, homens muitos fortes, certa vez foram todos para uma das janelas, fazendo pender o prédio.

Por toda a cidade está presente a figura do pardal que leva no bico um graveto. A origem dessa figura tem a seguinte explicação: há séculos quando quiseram construir dentro dos muros da cidade uma torre de onde pudessem avistar bem longe e prevenir contra os inimigos, os homens que se encarregavam do trabalho não conseguiam fazer a madeira passar pelos portões. É que eles insistiam em levar os toros atravessados. Só depois de virem um pardal levando pequeninos galhos para a construção de seu ninho, enviesando-os para que passassem por uma abertura na parede, foi que os homens tiveram a ideia de fazer o mesmo. A partir desta lenda, espalhou-se por toda a Suábia que os nativos de Ulm eram menos espertos que um pardal. Em vez de se aborrecerem, os "ulminianos" resolveram adotar esta ave como símbolo.

Albert Einstein nasceu em Ulm, me fazendo pensar: em Ulm deve haver dois motivos de orgulho: um refere-se aos "pardais inteligentes" e outro ao gênio Einstein, cuja fama espalhou-se por todo o mundo.

Depois de ouvirmos as notas curiosas relativas à cidade de Ulm, fomos informados de que estávamos ingressando no estado da Baviera, onde cruzaríamos novas cidades do sul da Alemanha. O guia antecipou a leitura dos nomes difíceis de algumas dessas localidades.

Estado da Baviera

Nossa passagem pelo estado da Baviera começou no município de **Elchingen** que fica a leste de Ulm, no distrito de Neu-Ulm. Depois veio **Gunzburg**, capital do distrito homônimo, na região da Suábia, e que foi criado em 1972 pela união de dois distritos: Gunzburg e Krumbach.

Como se não bastassem tantos nomes peculiares, poucos quilômetros depois avistei a placa apontando a direção da cidade de **Burgau** que fica no distrito de Gunzburg, bem próximo um do outro, diferentemente da cidade portuguesa homônima (Burgau) que está a mais de 2.500 km de distância dali.

O céu continuava azul. Havíamos transposto várias cidades e, pela terceira vez, naquele dia, estávamos presos no engarrafamento. Um sério "atasco". Passávamos por um trecho em obras, havendo pouco espaço na pista para o tráfego de veículos. Fechei os olhos para cochilar um pouco e dar um descanso aos neurônios.

Despertei ainda trafegando pela região da Suábia, enquanto cruzávamos a cidade de **Gersthofen**, no distrito de Augsburg. Logo a seguir, avistei a placa de **Augsburg**, capital e sede da administração da Suábia, sendo a terceira maior cidade da Baviera depois de Munique e de Nuremberg.

Todas essas imagens incentivavam o nosso lado lúdico e nos divertia sem cobrar recompensa. Mas, o que poderia ser mais impactante naquele momento do que uma pausa? Uma pausa é sempre conveniente sob todos os aspectos. Distende os músculos, purifica os pensamentos, concede energia ao corpo, revigora a imaginação e realinha nossos rumos.

Era disso que estávamos precisando quando foi anunciada nossa parada técnica para o almoço, em **Stadtbergen,** uma cidade localizada no distrito de Augsburg. A cidade é ideal para quem busca um local para descansar em feriados e fins de semana, porque além de oferecer boas opções gastronômicas e de hospedagem, tem atrações que podem ser exploradas nas redondezas, fazendo com que a pessoa encontre motivos para se surpreender com o lugar. Mas, para nós, a única atração naquela hora era o almoço reforçado.

Deixamos Stadtbergen pela rodovia 300, chegando ao distrito de **Aichach-Friedberg,** vinculado também à região da Suábia. Uma das atrações do lugar é o Schloss Unterwittelsbach, um castelo com fosso, onde funciona um museu e um parque natural por onde se pode fazer caminhadas.

Um pouco adiante, retornamos à rodovia A8, beirando os municípios de **Dasing** e **Adelzhausen,** ambos localizadas no distrito de Aichach-Friedberg. A impressão que eu tinha era que os nomes das localidades da Baviera se assemelhavam, em algum grau, a nomes de pessoas (Deise, Adelson, Fred...). Era uma sequência de cidades foneticamente similares a nomes pessoais e geograficamente tão próximas que eu poderia afirmar que elas pertenciam a uma mesma família.

Por que duvidar que **Odelzhausen**, município localizado no distrito de Dachau, não seria parente da sua vizinha anterior (Adelzhausen) e de **Sulzermoos,** que fica também no distrito de Dachau e ambas estão na região de Oberbayern? Assim como ocorre nas famílias, as relações entre as cidades denotam certo vínculo "hierárquico" no que diz respeito à condição de "pertencer a" um distrito ou simplesmente "ter o estatuto de" distrito urbano, independente.

Em meio a todas essas elocubrações, eu acabei avistando a placa que indicava a direção de **Dachau**, uma cidade localizada na região da Alta Baviera, distante de onde estávamos. Deixei as analogias em suspensão, porque ao falar dessa cidade somos transportados para os tristes acontecimentos ocorridos em seu solo décadas atrás. Foi nessa localidade que surgiu, em 1933, o primeiro campo de concentração construído pelos nazistas. O campo se destinava a presos políticos, depois foi transformado em um "campo de trabalho" e, a partir de 1941, passou a ser usado para o extermínio de prisioneiros. O campo de Dachau serviu de modelo para a construção de outros campos de concentração.

Voltando às boas lembranças, fui despertada pelo anúncio de que estávamos perto de **Munchen**. Trafegávamos por uma das vias que levam até a capital da Baviera, mas não passaríamos por lá. Munique (outra persona familiar) é conhecida pela celebração anual da Oktoberfest e pelas cervejarias. A cidade tem uma lista extensa de atrações, entre museus, palácios, jardins, prédios centenários, parques e muita alegria para receber os visitantes.

Continuávamos cruzando o sul da Alemanha, divisando um município do distrito de Munique chamado **Ottobrunn**. É ou não é uma família de cidades? Para completar, Ottobrunn fica na região de Oberbayern, um termo com cara de sobrenome e familiar nesse roteiro.

Mais adiante, nessa mesma região, estão os municípios de **Holzkirchen e Irschenberg,** ambos localizados no distrito de Miesbach. Logo após passarmos por esses municípios, seguimos pela rodovia 93, ansiosos para chegar ao território austríaco. Ainda faltavam alguns quilômetros, mas a animação do guia e a firmeza do motorista abafavam qualquer sinal de desânimo dos viajantes.

Naquele final de percurso, depois de algumas horas de viagem e dos engarrafamentos, estávamos quase invadindo os municípios que se localizavam perto de onde trafegávamos. Eles permaneciam inertes, às vezes à beira da estrada, e teimavam em fazer parte de uma mesma família. **Raubling, Brannenburg, Flintsbach** e **Oberaudorf** – todos estão situados no distrito de Rosenheim, na região de Oberbayern. Finalmente chegamos a **Kierfersfelden**, município que fica no distrito de Rosenheim, fronteira com o Tyrol, na Áustria.

Enquanto tentávamos digerir as informações sobre o elenco das cidades alemãs por onde havíamos passado, a voz do guia anunciou, calmamente, que nos encontrávamos em solo austríaco e iríamos percorrer parte da zona alpina da

Europa. Atravessaríamos o Tirol, um estado austríaco localizado na região dos Alpes Suíços, que possui 279 municípios e tem como capital Innsbruck. Além do Tirol, a Áustria possui mais 8 estados, contudo nossa programação incluiu apenas a passagem por esse estado.

Chegando à Áustria

Depois de atravessarmos a fronteira e ingressarmos na Áustria fizemos o câmbio do dólar para a moeda vigente na época – o Schilling (xelin), onde US$ 1 era igual a 15 xelins.

Eram quase 15 horas e faltavam alguns quilômetros para chegarmos ao nosso destino. Como a velocidade nas estradas austríacas não era controlada, como na Alemanha, a previsão era de chegarmos em menos de uma hora. O sol continuava claro e o tempo lá fora parecia agradável, enquanto nós torcíamos para que ele continuasse a nos brindar com muita luz e temperatura amena. No trajeto até Innsbruck atravessamos ou margeamos algumas cidades que nos foram apresentadas pelo guia, com algumas sugestões de visitas singulares.

Uma das cidades, **Kufstein**, capital do distrito homônimo, está localizada na parte mais baixa do vale do Inn, perto da fronteira com a Baviera, sendo a segunda maior cidade tirolesa, depois de Innsbruck. O marco da cidade é a Fortaleza medieval de Kufstein, citada pela primeira vez no século XIII. Na entrada da cidade observamos canteiros floridos e bem cuidados, além de montanhas próximas, em torno das quais era possível ver nuvens cinzentas, nos fazendo pensar que ia chover.

Como em boa parte das cidades da Áustria, algumas das atrações que Kufstein oferece estão ligadas às montanhas. Uma opção para quem ama as alturas é usar o teleférico Kaiserlift Kufstein, com poltronas individuais, subindo até cerca de 760 metros. Do alto, admira as montanhas e o vale e, na volta, para na estação do meio e desce de trem. Quem tiver disposição e tempo pode visitar a Tischofer Cave, uma caverna cujo acesso é através de escadas com muitos degraus. Se a visita à cidade for no verão, um mergulho no lago Pfrillsee pode ser uma boa alternativa para relaxar.

Alguns municípios por onde passamos estão situados no distrito de Kufstein, dentre os quais estão: Endach, Langkampfen, Mariastein, Angath, Angerberg, Worlg, Breitenbach am Inn, Kramsach, Brixlegg e Rattenberg. Tais localidades possuem um governo municipal, apesar de serem pequenas, algumas com população de menos de 500 habitantes. As atrações oferecidas por elas variam pouco de uma para outra, centralizando principalmente nas montanhas, lagos e trilhas.

Em **Endach**, o visitante pode dirigir suas emoções para uma das estações de esqui nas redondezas, ou visitar o castelo real de Neuschwanstein, localizado no topo de uma montanha escarpada e que serviu de inspiração para o castelo da Bela Adormecida na Disneylândia.

Uma das atrações perto de **Worlg** é a Hohe Salve (1.828 m), montanha localizada entre Kufstein, Wörgl e Kitzbühel e que faz parte dos Alpes Kitzbühel. Lá é possível fazer caminhada ou praticar esqui e pular de parapente.

Kramsach possui um museu a céu aberto –

Museum Tirolean Farms - que consta de fazendas, edifícios rurais históricos, celeiros, galpões e armazéns. Fica perto do Lake Reintal, que é considerado um dos lagos de água mais quente do Tirol, com temperatura em torno de 25° C. O lago possui toda infraestrutura para os amantes da natureza que desejem, inclusive, acampar no local.

Em **Rattenberg**, o viajante pode visitar o augustinermuseum, localizado em um mosteiro na montanha de Rattenberg. Lá existe uma coleção de esculturas sacras dos séculos XIII e XIV e conta a história da igreja tirolesa. O sino da igreja fica no topo de uma torre com 134 degraus.

Outro grupo de municípios da nossa rota está ligado à cidade de Schwaz: **Wiesing, Jenbach, Pill, Weer,** cada um com número de habitantes muito variável. Entre os citados, Pill tem pouco mais de 1.000 habitantes, enquanto Jenbach possui mais de 7.000 habitantes. Estando em **Jenbach**, o viajante pode visitar o castelo de Tratzberg que foi construído em 1500 pelo imperador Maximilian I, no topo de uma montanha, com acesso em um trenzinho.

Perto da cidade de **Schwaz** fica Kellerjoch, uma montanha com 2.344 metros de altitude, acima do vale Inn. Outra atração é o castelo Burg Freundsberg, localizado a 675 metros de altitude e onde funciona uma igreja, um restaurante e, desde 1948, funciona um museu que documenta a história do Tirol e de uma mina de prata. Dizem que a vista que se tem a partir do terraço pode fazer qualquer visitante perder a hora e a passagem de volta.

A mesma montanha que diverte quem vai a Schwaz, serve também ao deleite de quem visita **Pill**. Ao ir a Kellerjoch, a pessoa pode descer de trenó e reviver as alegrias da infância escondida dentro de cada um. Como os municípios são muito próximos, algumas atrações podem ser vistas estando em qualquer uma dessas localidades. E ainda possibilita visitá-los em grupo para o passeio ficar mais aprazível.

Passamos também por localidades que pertencem ao distrito de Innsbruck, como: **Kolsass, Wattens e Hall in Tirol.**

Nas imediações de **Kolsass**, o Vomper Loch consiste em uma atração para o turista que tiver resistência e quiser arriscar-se na travessia de um desfiladeiro com 10 quilômetros de extensão, com alguns trechos mais estreitos e paredões de 1.400 metros de altura. Haja fôlego! Se quiser adicionar um colorido a essa aventura, é só agendar a atividade para os meses do outono austríaco, quando a paisagem se mostrará mais acolhedora, com tons alaranjados. Dá para imaginar a paisagem outonal cercada de paredões e emanando aquele ar fresco que brota do ambiente tirolês?

Quem é mais urbano, pode deixar o desfiladeiro de lado e desfrutar das cidades. No município de **Wattens**, que fica a 17 quilômetros de Innsbruck, os pontos atrativos são: o Schreibmaschinenmuseum (Museu da máquina de escrever), o Museu Wattens, dedicado à história da cidade e o Swarovski Kristallwelten que expõe peças confeccionadas com os cristais da fábrica Swarovski, cuja sede é nesse município.

O grupo Swarovski atua também em outros ramos, produzindo: abrasivos e máquinas de corte, pedras preciosas sintéticas, refletores e sinais luminosos para estradas, instrumentos óticos, além de gerenciar um parque temático sobre cristais. Participa também de outros empreendimentos, tendo sido patrocinadora oficial do filme O Fantasma da Ópera (2004). No filme, as joias usadas pela protagonista, um manequim e o lustre que integra a história foram compostos com os cristais da Swarovski.

Outra importante fábrica em Wattens é a Wattenspapier, fundada em 1559 e que produz papel para tabaco, exportando quase 97 por cento de sua produção para cerca de 90 países. Como ocorre em outras cidades do Tirol, Wattens dispõe nas suas proximidades de passeios a montanhas e estações de esqui, castelos e caminhadas em meio a florestas.

Mas, para quem não se cansa de ver museu, em **Hall in Tirol**, a 10 km de Innsbruck, há o Museum Stadtarchäologie que, como o nome sugere, é um museu de arqueologia. Se for a essa localidade no inverno, o turista pode patinar no gelo no Lake Lans, embora ele seja um lago para banho no verão. O lago está localizado nas montanhas do sul e é popular devido ao ambiente verde no seu entorno. Ainda nessa cidade é possível visitar uma reserva natural, o Naturpark Karwendel. Em resumo, estando na Áustria não vai faltar atração para ocupar o tempo, seja qual for a estação do ano.

A partir da fronteira austríaca, observamos a preocupação com a construção de sanitários nas estradas. São cabines colocadas em pequenos intervalos uma da outra. Notamos, ainda, a existência de alguns paredões ao lado da pista, havendo separação entre a pista e a vegetação que margeia a estrada, como medida de segurança.

Havia trechos nesse percurso que me fizeram lembrar a BR-324, estrada de Salvador a Feira de Santana, na região onde a Petrobrás possui uma estação de coleta de petróleo e onde eu estive levantando dados para uma Pesquisa de Clima Organizacional. À margem da rodovia, a vegetação era mais baixa e sem construções por perto assim como na rodovia da Bahia.

Estávamos nos aproximando de Innsbruck e o guia se prontificou a apresentar algumas informações sobre o país austríaco, no qual havíamos ingressado naquela tarde.

****

A Áustria está localizada na Europa Central, com mais de 75% do seu território ocupado pela Cordilheira dos Alpes, tendo uma área territorial de 83.879 km ², menor que o estado brasileiro de Santa Catarina que tem 95.736 km². A Áustria faz fronteira com oito países: Alemanha, República Tcheca, Hungria, Eslováquia, Eslovênia, Itália, Suíça e Liechtenstein.

O relevo austríaco é bastante acidentado, permitindo a prática de esportes de inverno. Os pontos mais altos são: Grossglochener (3.798) e

Wildspitze (3.774). A vegetação é alpina, com árvores que apresentam folhas caducas nas regiões de menor altura e coníferas nas regiões mais altas. As árvores coníferas são sempre verdes e tem folhas o ano inteiro.

Apesar de numerosas, as montanhas austríacas são mais baixas do que as da França e as da Suíça, permitindo às pessoas menos experientes fazer escaladas, com segurança, exigindo apenas um kit para uso em vias ferratas. A via ferrata constitui uma rota preparada nas paredes rochosas da montanha com a fixação de cabos, escadas e pitões, para facilitar a progressão do alpinista até o topo.

O país tem um clima temperado continental, com invernos bem frios, chuva e neve frequentes. Os verões são curtos, com temperaturas que podem chegar a 30 graus, sendo também comuns as chuvas no verão.

Embora a Áustria seja um país de língua alemã, outros idiomas são falados pela população: o croata, o esloveno e o húngaro. A religião predominante no país é o catolicismo, com cerca de 70% de adesão entre os habitantes do país.

Em termos culturais, é um país com rica herança, tendo tradição na literatura, no teatro e na música, principalmente na capital Viena. No setor industrial, a Áustria se destaca no desenvolvimento de produtos químicos, alimentícios, bebidas, couro, cimento, vidros, veículos motorizados, sendo uma das economias mais desenvolvidas do mundo. Além da indústria, o turismo também é uma fonte de receita importante para o país.

Mundialmente, o austríaco é conhecido pela fama de ser um povo culto e educado, que valoriza a vida sem alvoroços e as relações harmônicas e tranquilas, incluindo o tom de voz mais baixo. Tais características contribuem com a sua habilidade em associar o antigo e o moderno, a tradição e a inovação, sem abandonar o jeito tranquilo de ser.

O país tirolês está dividido entre a Áustria e a Itália. A capital do Tirol austríaco é Innsbruck, onde acabávamos de chegar, em um fim de tarde, com o céu carregado de nuvens cinzentas, muitas montanhas ao redor e um rio com águas barrentas atravessado no meio da cidade.

Innsbruck

A cidade de Innsbruck situa-se a oeste da Áustria, entre montanhas e é cortada pelo rio Inn, sendo considerada uma cidade de ligação entre o norte e o sul do país austríaco. Innsbruck significa: Inn (rio) e Sbruck (ponte), ou seja, ponte sobre o rio. A árvore típica da cidade é o pinho negro dos Alpes austríacos. Na região existe muita plantação de trigo. Há uma pequena flor da montanha típica da região, que se chama edelweiss.

A cidade possui tradições rurais vigentes (grito tirolês), além de músicas e danças. Fazem parte dessas tradições as festividades relativas à vaca, considerada como animal sagrado. A cerimônia da vaca é similar a um concurso de Miss Universo, tendo até coroação da vaca mais bonita e que forneceu mais leite naquele ano. A música está vinculada a esta tradição rural, de tal modo que o violino é tocado com uma serra. As músicas são tocadas com ferramentas rurais. A duração do espetáculo tirolês é de mais ou menos uma hora e meia.

Fomos informados de que Innsbruck é uma cidade movimentada. Mas, devido ao pouco tempo que passamos lá, não foi possível apurar essa condição. Vários estudantes de outros países estudam em Innsbruck, o que faz alavancar muitas de suas atividades, notadamente no ramo gastronômico e de diversão, animando restaurantes e bares da cidade.

Innsbruck é uma cidade olímpica, vivendo do turismo de inverno, sobretudo com a realização de festivais de inverno. O povo que habita a cidade é considerado um dos mais tranquilos da Europa. A cidade não compartilha da ambição de se tornar grande como a Alemanha.

Ficamos hospedados no hotel Karwendell. O apartamento era bastante amplo e tinha móveis nas cores rosa e branca, como se fosse quarto de criança ou, talvez, de príncipe e princesa. O chão era muito frio, ou melhor, no ambiente interno ou externo fazia bastante frio. Foi em Innsbruck que sentimos o frio mais intenso desde o início da excursão.

Depois de nos instalarmos, resolvemos sair para atender nossa curiosidade em andar a pé pela cidade. O tour guiado, no ônibus, tinha sido rápido e nós nos encontrávamos na obrigação de fazer o que havíamos feito em outros países. Com muito frio e bastante coragem partimos para as andanças.

Na recepção do hotel, procurei informações sobre como comprar postais e onde encontrar uma agência ou caixa coletora dos correios. Naquela época, ainda usávamos o expediente de enviar cartões postais como forma de atenção para com os familiares que ficaram no Brasil.

Partindo do hotel, seguimos a rua em frente - Bachlechnerstr. Adiante, tiramos fotografias com a montanha nevada ao fundo. Nossa intenção era registrar a presença da neve. Afinal, era a minha primeira vez na Europa e ali eu queria ter essa experiência nevada. Entramos na primeira rua à direita, seguindo até a ponte sobre o rio Inn, onde tiramos mais fotos e continuamos andando até a esquina da Rua Innrain.

Seguimos à esquerda da Innrain, uma rua extensa, e passamos pela Universidade Leopoldino Franciscea, Museu D. Klass Archão, Universidade de Innsbruck (com uma montanha coberta de neve, ao fundo), além da Biblioteca da Universidade.

Chegamos a uma pracinha e seguimos em frente até a zona comercial que fica no centro, na parte antiga da cidade. Mas a maioria das lojas estava fechada. Admiramos algumas vitrines e observamos que, embora a cidade seja relativamente pequena, considerando o número de lojas que vimos, os produtos pareciam ter ótima qualidade com preços altos.

Depois dessa caminhada, havíamos cumprido nosso ritual básico de turistas: andar nas ruas, admirar monumentos, tirar fotografia, olhar a arquitetura da cidade, comprar postais e lembrancinhas. Voltamos rapidamente, pois o tempo estava nublado e anunciava muita chuva. Sem a devida proteção, só nos restava a pressa. Mesmo assim, paramos em uma pizzaria para comer uma pizza, o prato predileto, depois do sanduíche, de viajantes em terras estrangeiras. Já era noite e o hotel não oferecia refeição noturna.

Retornamos pelo mesmo caminho de ida e conseguimos chegar ao hotel antes da chuva cair. Alguns segundos depois, ela veio com vontade de matar todas as sedes do universo! Então, eu aproveitei para preencher as lacunas deixadas nas minhas anotações e para registrar as impressões sobre a cidade.

A despeito de ser considerada estação de inverno, Innsbruck apresenta várias razões para ser conquistada. Estando na cidade com tempo suficiente o turista pode fazer caminhadas na área histórica, conhecer igrejas e museus, ou ir às montanhas, de teleférico. Pode, inclusive, ter descontos nessas visitas utilizando o Innsbruck Card - um cartão multiuso que serve também para uso nos transportes públicos.

Trata-se de uma cidade com boa acolhida, com infraestrutura e atividades que agradam aos visitantes que se disponham a enfrentar o frio e até a neve. A cidade tem aeroporto, agências de aluguel de carro, estação de trem, cassino e clubes. É dotada de ciclovias com rotas para bicicletas de montanha e oferece várias atrações ligadas ao montanhismo. Possui galerias de arte, museus e monumentos e promove exposições nesses locais (estilos gótico, barroco e rococó). Oferece cenários históricos em 27 rotas a pé, em transporte público ou de bicicleta. Em Innsbruck também tem castelo - o Schloss Ambras - um castelo medieval, com salas de arte, de curiosidades e de armaduras.

Dentre os museus, estão: O **Museu D. Klass Archão** (por onde passamos quando fomos ao centro da cidade) que é um museu de arqueologia clássica, tendo coleções de arte antiga. Nele funciona o museu anatômico que abriga esqueletos, aquarelas e óleos e a anatomia comparativa entre o homem e outros animais. Já o **Museu Kaiserschützen** contém relíquias da 2ª Guerra Mundial e documentos dos Regimentos das Altas Montanhas que guardavam antigas fronteiras do Tirol.

Innsbruck tem também um Arco do Triunfo: **"Triumphpforte"**, com desenhos representando as bodas do imperador Leopoldo II com a princesa espanhola Maria Luísa. Contam que durante essa celebração o pai do imperador faleceu, por isso um lado do arco simboliza o aspecto festivo das bodas e o outro, o acontecimento trágico.

Duas igrejas merecem a atenção de quem valoriza o lado religioso da cidade: a **Basílica Wilten**, que desde o século XIV é conhecida como um lugar de peregrinação, sendo considerada a igreja mais importante em estilo rococó do Tirol. E a **Catedral Don Zu Saint Jakob**, edificada em estilo barroco, sobre os restos de uma igreja gótica. Aí se encontra o mausoléu do arquiduque Maximiliano III, Gran Mestre da Ordem Teutônica.

Em relação às fontes da cidade registrei nossa passagem por duas delas: a **Leopoldsbrunnen**: fonte com a mais antiga estátua equestre conservada no norte dos Alpes. Há um cavalo com as patas dianteiras levantadas, apoiando-se nas patas traseiras. A outra foi **Rodolfsbrunnen**, erguida em 1887 para comemorar os 500 anos de apropriação do Tirol pelo reino Austríaco.

Um monumento de destaque em Innsbruck é o **Annasäule** que representa a Virgem Maria, Santa Ana e os santos patronos do Tirol. Foi construído para comemorar o fracassado ataque das tropas bávaras durante a guerra de sucessão espanhola. Esse monumento junto com o Arco do Triunfo são os mais destacados da Rua Maria-Theresien-Strabe.

Para admirar a cidade do alto, há um passeio à montanha **Nordkette**, que não fizemos porque não deu tempo. O trajeto é feito em teleférico, podendo ir até o último trecho (2.256 m) e, de lá, faz uma pequena caminhada até o topo em **Havelekarspitze** (2.334 m).

Assim é Innsbruck: uma cidade de tamanho mediano, mais movimentada durante as competições e turismo de inverno. Como não é uma cidade industrializada, transmite um ar ruralista e a simplicidade e aconchego do campo. O verde das colinas e a neve que teima em aparecer mesmo fora da estação invernal dão um charme adicional a esta localidade que deixou uma marca de saudade em nossos corações.

****

Eram 8 horas da manhã, sexta feira, 7 de setembro. No Brasil, essa data marca a comemoração da Independência do país. Naquele instante, deixamos Innsbruck com destino a Verona, na Itália, o quinto país de nossa excursão. Seguimos inicialmente através da rodovia A13, depois pela A22 e finalmente pela E45 até Verona.

Aproveitei o percurso para contemplar as "últimas" paisagens austríacas e me despedir da cidade mais fria que encontramos pela frente até aquele dia. Eu olhava as montanhas e sentia um aperto no peito, não sabia se era o frio ou a proximidade das montanhas quase fechando o caminho. Saí dali feliz como uma criança, com a mente desanuviada pela brancura da neve cobrindo as montanhas. Na parte mais alta, a neve e, na parte baixa, a cerração. O cenário que admirávamos naquele momento era indescritível, mesmo assim registrei algumas das imagens captadas.

No vale, casas pintadas de branco e com os telhados na cor ocre ou marrom escuro descansavam sobre um gramado verde, formoso. A vegetação por perto era composta sobretudo de pinheiros, espalhados de forma harmoniosa. Eram vários aglomerados desse tipo. Mesmo passando longe dessas residências (trafegávamos na parte mais alta e as casas estavam num nível abaixo e distante), ainda assim era possível perceber a fumaça que escapava das chaminés. A essa hora, talvez, os moradores ainda estivessem dormindo.

Embora nossa estadia na cidade tivesse sido curta e os trechos percorridos não fossem longos, notamos a preocupação dos austríacos com a natureza — seu grande tesouro - e com a segurança das pessoas. À beira da estrada, nos trechos rochosos, havia cobertura do solo com rede de proteção, o que era justificável, pois a estrada por onde passamos era cheia de curvas e vários e enormes túneis cortavam as montanhas rochosas.

Nosso acesso à Áustria tinha sido através da região ocidental. Naquele instante, circulávamos pelo sul austríaco. Como é um país pequenino, em algumas horas era possível passar de uma região a outra. Nossa rota naquela manhã incluiu a passagem por cidades austríacas e cidades italianas. Na Áustria, a atenção se voltava para apreciar a estrada, com o sentimento de despedida do que se foi, mesmo assim registrando com o olhar a imagem das localidades ou as placas que conseguia avistar. Nesse molejo, margeamos os municípios de: Natters, Mutters, Schönberg in Stubaital, Matreiwald, Matrei am Brenner e Steinach am Brenner, todos pertencentes ao distrito de Innsbruck.

Depois de mais ou menos uma hora de viagem, o guia informou que estávamos em terras italianas. A partir de então, *"tutto sarà differente",* pensei com os meus botões italianos, modelados anos antes, em aulas desse idioma na preparação para o vestibular e depois em cursinhos. Entretanto, apesar de aportarmos em novo solo, com um novo idioma e uma nova moeda, a paisagem continuava com as mesmas características, pois aquela região pertence ao "país tirolês", e esse possui aspectos similares na Áustria e na Itália.

A pedido, preparamos nossa ficha pessoal para ser apresentada aos hotéis italianos, atendendo exigências com relação a estrangeiros. Já em território italiano, as emoções caminhavam no ritmo do ônibus e, como nossa excursão era rodoviária, não tinha como não prestar atenção às placas das cidades que iam aparecendo.

Desvendando a Itália

Chegando a outro país e aprendendo sobre ele. Essa era uma das primeiras tarefas dos viajantes nômades. Eu estava completamente de coração aberto para acolher as informações sobre um país que sempre me encantou pela sua história, sua cultura, seu idioma, suas canções e até mesmo pelo que eu não conhecia.

A Itália está localizada em uma península com o formato de bota. É um país repleto de paisagens encantadoras, como as da Costa Amalfitana (ao sul), os vinhedos e campos de girassóis da Toscana (região central) e os lagos azuis aos pés dos Alpes (ao norte). O litoral é banhado pelo Mar Tirreno e pelo Mar Adriático.

O território italiano possui 301.338 km² e estende-se por 1.200 quilômetros desde a fronteira alpina a noroeste com a França até o "calcanhar" da bota, a sudeste da Puglia. A leste, do lado do Mar Adriático, situa-se a costa rochosa da Iugoslávia. A oeste, na costa do Mar Tirreno, localizam-se as ilhas da Sardenha e da Sicília (que é a maior ilha do Mediterrâneo).

A extensão territorial da Itália pode ser comparada à do estado brasileiro do Maranhão, sendo que esse é um pouco maior (331.937 km²). A Itália é 28 vezes menor que o Brasil, mas o seu litoral, por ser recortado, é maior do que o litoral brasileiro.

O ponto mais alto do país é Monte Branco que

tem em torno de 4.800 metros, podendo variar para mais ou para menos de um ano para outro. Monte Branco ou *Mont Blanc* é a montanha mais alta dos Alpes e, como é muito extensa, sua estrutura é compartilhada com a França e com a Suíça. Trata-se de um grande maciço desigual, cheio de abismos, rodeado de vales, dentre os quais está o Chamonix que é largo e baixo, tendo apenas 1000 metros. Monte Branco sofreu os efeitos das compressões contra o granito da poderosa rocha, sendo dividido em placas verticais, com blocos de tamanhos diferentes. As partes esmagadas originaram gargantas, fendas, chaminés e corredores, havendo infiltração de água através das fissuras mais finas.

Pela Constituição de 1948, a Itália é uma República. O poder político é exercido pelo primeiro-ministro e seu gabinete, escolhido entre senadores e deputados. O mandato é de cinco anos. A unidade monetária em vigor até 2001 era a lira, sendo substituída pelo Euro a partir de 2002.

Na época de nossa viagem, as moedas em uso eram: 5, 10, 20, 50, 100, 200 e 500 liras e as notas vigentes: 1.000, 2.000, 5.000, 10.000, 50.000 e 100.000 liras. O câmbio era realizado nos escritórios de câmbio *(ufficio de cambio),* ou nas principais estações ferroviárias e aeroportos.

A religião predominante na Itália é o catolicismo, com adesão de mais de 90% da população. O restante é de protestantes, gregos ortodoxos e judeus. Esse país católico possui muitas igrejas espalhadas por toda parte. Elas ocupam grandes áreas e são verdadeiros tesouros da arte. As cidades italianas também amam as praças, como se as pessoas se sentissem apertadas dentro de suas próprias casas, daí buscarem as áreas amplas para os bate-papos, uma conversa e um café ou um *gelato* (sorvete). Os italianos gostam de conversar e gesticulam muito como se encenassem alguma peça.

O guia ofereceu algumas dicas ao grupo para o dia a dia com os italianos. Esclareceu que, quando se pretende oferecer o troco ao garçom, pode-se dizer: *"tenga il resto"*. As refeições podem ser feitas em uma *Rosticceria* que é um restaurante especializado em alimentos assados, mas que oferece também outros tipos de alimentos. Pode-se ainda escolher um *Ristorante* que é mais requintado do que uma *Trattoria, Osteria, Locanda* ou *Taverna*. O ideal é procurar as *trattorias*, que em Veneza chama-se *locanda* e em Nápoles, *pizzeria*.

Nessa rota italiana, atravessamos oito regiões: Trentino-Alto Ádige; Vêneto; Emília-Romagna; Toscana; Úmbria; Lázio; Campânia e Ligúria, também conhecida como Riviera Italiana.

A Itália possui 20 regiões que equivalem, no Brasil, aos estados. Cada "região" é subdividida em "províncias". A província é formada por uma cidade grande e outras cidades menores e vilarejos. Cada cidade é denominada de "comuna". Aqui, eu alterno o uso dos dois termos – comuna e cidade – para designar as cidades.

Dentre as vinte regiões italianas, cinco são Regiões com Estatuto Especial ou Províncias Autônomas: Trentino-Alto Ádige; Friuli Venezia

Giulia; Vale do Aosta; Sicília e Sardenha. É como se existissem cinco "países" dentro do país italiano. Essas regiões autônomas possuem amplo poder de gestão e participam diretamente da tomada de decisões da União Europeia.

Região do Trentino-Alto Ádige

Essa região fica no extremo norte do país. É conhecida por suas montanhas, pelas paisagens naturais, muitos vales e mais de 200 lagos, sendo um lugar perfeito para quem gosta da natureza. É lá que ficam as Dolomitas, declaradas como Patrimônio Mundial pela UNESCO. Por ser uma região com estatuto autônomo, inclusive do ponto de vista fiscal, suas províncias retêm 90% dos impostos devidos pelos contribuintes, garantindo o financiamento das diversas competências administrativas e legislativas.

Nessa região, cruzamos algumas comunas. Uma delas foi **Brennero**, onde o viajante pode aproveitar para conhecer o Passo del Brennero, uma área verde famosa onde há geleiras e prática de esqui. Em **Vipiteno**, uma cidade com maior número de habitantes do que Brennero, além de estação de esqui e descida de trenó de suas montanhas, o viajante pode visitar o castelo Reifenstein, localizado no sul do Tirol, no Vale do Eisack, onde está situada a comuna de Bressanone ou Brixen, uma cidade com dois nomes.

Bressanone (italiano) ou Brixen (alemão) é a

terceira maior cidade da região do Trentino-Alto Ádige, estando situada no centro do Vale Eisack e, por isso, constitui uma boa base para quem quer visitar a região do Trentino e suas redondezas. Nessa comuna o alemão é a língua dominante, falada por mais de 70% dos habitantes, enquanto o italiano é falado por 25% e o ladino pelo restante da população.

Também em Bolzano, capital do Tirol do Sul, há dois idiomas oficiais: o alemão e o italiano, sendo que a maior parte da população fala alemão e pouco mais de um quarto fala italiano. Além desses idiomas, cerca de 5% da população fala o ladino dolomita. Nas estradas dessa região as placas de trânsito estão escritas nos dois idiomas. Também as escolas são separadas, havendo escolas em alemão e escolas em italiano.

Bolzano é uma província medieval, também conhecida como Alto Ádige ou Tirol do Sul e está situada perto da Cordilheira das Dolomitas. Uma das atrações da cidade é o Museu Arqueológico que abriga a múmia de Ötzi, o homem do gelo.

Outras comunas do Trentino-Alto Ádige onde o alemão é a língua dominante são, por exemplo: Velturno, Egna, Forttezza e Mezzocorona.

Conforme nossos registros, assim como ocorre na Alemanha e na Áustria, as cidades (comunas) italianas ficam a poucos quilômetros umas das outras, às vezes, tornando-as vizinhas bem próximas. Dessa forma, dificilmente um viajante curioso consegue dormir passando por esse trecho, pois haverá sempre o que olhar na paisagem em volta.

Além da proximidade entre as cidades, na média elas possuem área geográfica pequena quando comparadas com as cidades brasileiras. Como exemplos, há comunas com 23, 24, 25 km², como é o caso de Egna, Velturno e Mezzocorona, respectivamente.

Eram 9 e meia da manhã e a paisagem montanhosa nos acompanhava. Em menos de duas horas na estrada, já havíamos cruzado pelo menos uns dez túneis através das rochas. No toca fitas do ônibus, música italianíssima, denotando o carinho do motorista e do guia em nos envolver no clima do país por onde circulávamos.

Atravessamos o **Vale do Fienne**, uma área onde não se observava mais a vegetação do Tirol, os pinheiros. Ali, as montanhas eram cobertas com outro tipo de vegetação, havendo muitas áreas descobertas nas montanhas, dando certa noção de aridez e improdutividade.

Ainda na região do Trentino-Alto Ádige, na província de Trento, registrei a proximidade de Mezzacorona, Roveretto e Avio. Na área próxima à cidade de Trento, as montanhas se mostravam bastante desprotegidas de vegetação, havendo, inclusive, tratores executando a retirada de material, que não dava para saber se era terra ou pedra, já que estavam um pouco afastados da pista.

Trento é a capital da região de Trentino-Alto Ádige, sendo reconhecida como importante zona na produção de vinho na Itália. Possui 223 comunas e, juntamente com a província de Bolzano, fez parte do Império Austro-Húngaro até o final da Primeira Guerra Mundial. A cidade tem como atrações: o Castelo Buonconsiglio, a Catedral de Trento e o MUSE – um museu de ciências. Em 1545, aconteceu nessa cidade o famoso Concílio de Trento, convocado em virtude de a igreja católica ter ficado abalada com a Reforma Protestante.

Na comuna de **Mezzocorona**, existe um pico de montanha, o Monte Mezzocorona, cujo acesso é feito por meio de teleférico a uma altitude de cerca de mil metros, com vista panorâmica do vale. Para quem passou por experiências similares, em outros países, esse seria apenas um complemento de aventura nos ares.

Já em **Roveretto**, pode-se conhecer o Castelo da cidade que abriga um museu com objetos relativos à Primeira Guerra Mundial. Ao passarmos por essa comuna, o relógio registrava 10 horas e 20 minutos e nós estávamos a 58 quilômetros de Verona, nosso destino naquela manhã.

Em **Avio**, mais uma dentre as dezenas de comunas e vilarejos italianos por onde trafegamos, o turista pode ir ao Castelo de Avio que expõe afrescos medievais distribuídos nos vários ambientes, podendo resultar em um ponto de interesse para o visitante.

Região do Vêneto

O Vêneto está situado no nordeste da Itália,

abrangendo desde as Dolomitas até o Mar Adriático e Veneza, que é sua capital. Nessa região, registrei nossa passagem pela comuna de Belluno, na província homônima, e Pastrengo, já na província de Verona. **Belluno** é uma cidade que oferece passeios a cânions, lagos, rios e montanhas, além de visitas a museus de arte e história. Já **Pastrengo** é uma boa opção para quem busca relaxar longe das grandes cidades. Fica a 13 quilômetros do aeroporto de Verona.

Observamos nessa região plantações de uva. Seguíamos paralelos a trechos montanhosos com vegetação diversificada. À beira da pista, havia cabines SOS, instaladas com alguns metros de intervalo entre elas, talvez um quilômetro. Eram cabines de acrílico, pequenas, arredondadas, com o teto amarelo. Nelas é possível telefonar para buscar socorro, em casos de emergência.

O guia nos informou que perto dali estava o **Lago Garda**, situado na extremidade ocidental da região do Vêneto, entre essa região, a Lombardia e o Trentino-Alto Ádige. Há quem afirme que o desenho do violino foi inspirado no contorno desse lago, enquanto outros dizem que seu formato é mais parecido a um banjo. O Lago Garda é o maior lago italiano e é cercado de colinas com vinhedos, oliveira e cedro. Isso significa que, em qualquer época do ano, é possível desfrutar de belas paisagens nesse local, de preferência com companhias agradáveis, ouvindo belas músicas e, quiçá, ao som de um violino para combinar com o lago.

Embalados nessas fantasias construídas na

estrada, finalmente chegávamos a Verona, quase às onze horas da manhã, com tempo para fazer um tour guiado e almoçar. Antes de desembarcarmos, o guia passou informações sobre a cidade.

****

Verona

Verona é mais uma cidade da região do Vêneto, tendo sido a cidade favorita dos imperadores romanos e soberanos bárbaros. A cidade gosta de ser chamada de *La Degna,* que significa a Distinta. Verona tem um bairro medieval construído às margens do rio Ádige, mas ela ficou mesmo conhecida por ter sido cenário da peça Romeu e Julieta de Shakespeare. A peça narra a rivalidade entre duas famílias (a família de Romeu e a de Julieta) e o amor desesperado dos dois jovens.

O tour guiado nos conduziu à **Casa de Julieta**, residência onde a donzela morou e que se transformou em museu e ponto turístico. É uma construção do século XIV, com dois andares e uma varanda. Do lado de fora há uma estátua de bronze da jovem onde os turistas tiram fotografias, assim como fizemos.

Além da Casa de Giulietta, fomos à **Arena de Verona**, um anfiteatro romano, onde acontece o festival de ópera no verão, além de outros espetáculos. A praça onde está a arena, a **Piazza Bra**, a maior da cidade, abriga vários cafés e restaurantes e fica cheia de turistas fotografando.

Fomos também à **Piazza delle Erbe** que, no período romano, foi considerada a principal praça de Verona, pois era lá onde acontecia a vida política, econômica e social da cidade. É uma praça oval, tendo construções históricas em seu entorno, algumas com fachadas decoradas, estátuas e fontes que embelezam a praça. Perto dali ficam os principais pontos históricos de Verona, além de restaurantes, cafeterias, hotéis e lojas comerciais. Observamos a presença de algumas barracas que vendiam frutas, legumes e até mesmo souvenirs.

Quando fomos deixados a sós, desfilamos pelas ruas estreitas, na área comercial da cidade, onde almoçamos. Escolhemos o Bar Turco - uma *Tavola Calda* (mesa quente), restaurante que serve alimentos quentes ou frios, com serviço rápido. Comemos *pollo arrosto* (frango assado) e *insalata mista* (salada mista).

Após um novo giro pelo centro comercial, nos reunimos para a partida, trocando a cidade pela estrada. Saímos de Verona em direção a Mestre, com passagem pelas cidades de Vicenza e Pádua, pela rodovia E70. Depois do almoço veio o relaxamento, por isso, durante os primeiros quilômetros, ninguém falava. Nem o guia.

Depois de um tempo, um som entrou devagar pelos ares para indicar a proximidade da comuna de **Vicenza**, considerada uma das cidades mais belas da Itália, conhecida por sua arquitetura palladiana (do arquiteto Andrea Palladio). A cidade possui muitas atrações, dentre as quais estão: o Teatro Olímpico; a Villa La Rotonda; o Santuário de Santa Corona, que guarda um dos espinhos da coroa de Cristo; a Piazza dei Signori, principal praça da cidade onde acontecem festividades e manifestações; o Palazzo del Capitaniato, um marco histórico localizado no centro da cidade, além de outros palácios, museus e praças que atraem muitos visitantes. Vicenza não constava do nosso roteiro de visitas, por isso seguimos sem olhar para trás.

Porém, ao olhar para o lado, observei que passávamos por uma área industrial e vi algumas fábricas: Hitachi, Fecardo Mezzario e Zambon. A seguir, avistei três igrejas. Como a Itália é um país eminentemente católico, era comum ver-se igrejas por toda parte, inclusive uma próxima à outra e em vilarejos pequeninos.

Eram duas e meia da tarde quando avistei o primeiro túnel dessa rota. As placas de sinalização informavam a distância de algumas cidades. Ao lado da pista, em determinados trechos, havia muros de proteção, como ocorreu nas rodovias austríacas. E, assim como nas estradas alemãs, por ali também circulavam muitos caminhões de carga que, entretanto, não estavam atrapalhando. O tráfego fluía *"moltissimo bene"*.

Em certo momento, atravessamos um trecho que se assemelhava à BR-324, nas proximidades da cidade de Salvador. Ali eu pensei que, talvez, eu estivesse com saudade do Brasil e da Bahia, por encontrar pontos de semelhança em todos os cantos por onde passava. Ou, quiçá, essa era uma forma de estar sintonizada com as origens e com o que é familiar.

Após percorrermos 90 quilômetros desde Verona, chegamos a Pádua, ainda na região de Vêneto.

Pádua

Pádua (Padova) é uma cidade localizada no nordeste da Itália, sendo a capital da província homônima. A cidade é conhecida por sediar a conceituada Universidade de Pádua, onde Galileu ensinou física (1592-1610), sendo ainda famosa por ter sido a localidade onde Santo Antônio passou boa parte de sua vida.

Como locais históricos e dignos de nota, Pádua oferece:

- O Palazzo del Bo (Palácio do boi/touro), sede histórica da Universidade de Pádua, uma das mais antigas do mundo, que ainda abriga a reitoria e a Faculdade de Direito. No palácio pode-se visitar, dentre outros pontos, a sala do antigo Teatro Anatômico, onde eram realizadas autópsias dos cadáveres, e a Sala dei Quaranta, que ainda mantém a cadeira de Galileu.

- A Capela degli Scrovegni (século XIV), construída sobre as ruínas de um anfiteatro romano. Há nesta capela 38 cenas de Giotto sob a abóbada que contam a história de Maria e Jesus.

- A Basílica de Santo Antonio de Pádua, a maior igreja da cidade, recebe muitos fiéis do mundo todo todos os anos. Santo Antonio foi o monge português de nome Fernando, que morreu em Pádua. No interior da Basílica, de fachada românica e interior gótico, há esculturas de Donatello no altar principal. Há também a tumba de Santo Antonio e a relíquia Aparato Vocal do Santo (segundo diziam, era a língua do santo), que fica no altar principal. Para ver a relíquia de perto foi necessário entrarmos numa fila de curiosos. Só foi possível dar uma olhada rápida, porque a fila era grande, não parava no altar para que pudéssemos nos certificar dos detalhes da relíquia. Valeu pela fé, mas não pela comprovação do objeto visto, já que não pude fotografar.

Depois das visitas e de tirar algumas fotos, seguimos em direção a Mestre, com previsão de chegada em uma hora, aproximadamente. Eu me surpreendi quando soube o tempo que gastaríamos porque, pela quilometragem indicada nas placas de sinalização, chegaríamos antes. Mas, ao seguirmos até a cidade de Pádua, acabamos deixando a suposta linha reta e nos distanciando do nosso destino.

Enfrentamos um grande engarrafamento na entrada da cidade de Mestre. *Caspita*! Estávamos perdidos. Ao tentar fugir do engarrafamento, o motorista acabou nos levando para um canteiro de obras, indo até um beco sem saída, tendo que fazer uma manobra difícil, andando de ré, enquanto os demais veículos vinham na mesma direção, ou seja, ele estava na contramão.

Depois de alguns minutos perdidos, parece que seguíamos no rumo certo. Hum! *Piú o meno* (mais ou menos). Perdidos de novo? Como *può, mamma mia! Dio mio!* Estávamos circulando dentro da cidade de Mestre. Contramão? Voltamos! A cidade, nós já havíamos encontrado, faltava encontrar o hotel.

Enquanto as pessoas davam risada discretamente e comentavam a respeito da desorientação do motorista, o guia mantinha-se quieto em apoio ao condutor. Ufa! Até que enfim, chegamos ao Hotel Residence Elite, depois de darmos duas voltas no mesmo quarteirão.

Tomamos posse do apartamento. Um prêmio para quem viajou quase o dia inteiro. Acomodações espaçosas, dava até para se perder lá dentro. Um apartamento com cama, armários por todos os lados, mesa, sofá, almofadas e uma cozinha completa, além de lavanderia com máquina de lavar e secadora de roupa. Um desperdício, considerando o nosso tempo de hospedagem.

Após um breve descanso, banho e organização da bagagem para o dia seguinte, nos preparamos para ir a Veneza. Como eu agilizei tudo, sobrou um tempo para completar as anotações referentes àquele dia. Essa medida garantiria a manutenção de uma narrativa sempre atualizada. Preenchi, inclusive, lacunas sobre a cidade onde pernoitaríamos.

Mestre

Cidade industrial, situada na parte continental, na fronteira com Veneza. A área continental está interligada ao centro de Veneza pelo acesso rodoferroviário da Ponte da Liberdade. Mestre possui refinaria de petróleo. Aliás, por causa disso é que se abriu o chamado Canal do Petróleo - para permitir a passagem de navios de mais de cem mil toneladas, passando por Veneza com destino a Mestre e ao Forte Marghera, outra área que abriga refinaria de petróleo. A partir de bares, restaurantes e cafés situados em Mestre é possível ter-se a vista da Lagoa de Veneza.

Ainda era o dia 7 de setembro. Nossos olhos haviam registrado muitas imagens que normalmente caberiam em mais de um dia. Logo cedo, havíamos deixado as lindas paisagens austríacas para admirar as paisagens italianas, igualmente belas, embora com características diferentes em muitas regiões. Atravessamos várias cidades e vilarejos do solo italiano e estivemos em Verona e em Pádua, ambas situadas no norte da Itália. Estávamos em Mestre, no nordeste da Itália.

Antes de invadirmos definitivamente Veneza e as demais cidades italianas, relembrei algumas palavras e frases que seriam de utilidade naqueles dias, acreditando no que o guia havia falado. É fácil compreender o italiano corriqueiro, embora existam muitos dialetos. Alguns, como o "veneziano" tem influências eslavas, enquanto outros se assemelham ao francês. O "sardo" é tão diferente que é tratado de fato como um idioma separado.

Como em outros países por onde passamos, na Itália também se fala o inglês, sobretudo nos grandes hotéis. Mas os italianos, assim como os espanhóis e os franceses, gostam quando um estrangeiro se esforça para compreender ou falar o seu idioma. Entretanto, se *tu non parla, tutto bene*.

Mas, é sempre conveniente estarmos atentos a alguns sons. O "c" é pronunciado como tch, antes de "e" e de "i" (como tcheco); "ch" soa como qu (como em queijo); "g" antes de "e" e "i" soa como j (em jato); "gh" soa como g (como em gato); "gl" soa como lh (como em milhão); "gn" é pronunciado como nh (como em banheira).

Registrei algumas frases em italiano, apenas como ilustração, já que existem várias fontes disponíveis, sejam livros ou aplicativos para diversos idiomas, que podem ser utilizados pelo viajante:

Vorrei una pianta delia città (queria um mapa...); Ho perso (perdi...); Dov'è (onde fica...); Dov'è la banca piú vicina? (onde fica o banco mais próximo?); L'ufficio di cambio (posto para fazer câmbio); Desidero cambiare delle sterline / dei dollari (gostaria de trocar algumas libras / dólares); Posso pagare com questa carta de credito? (posso pagar com cartão de crédito?); Può fare per me una telefonata d'emergenza...? Desideriamo una guida che parla portoghese (gostaríamos...); Posso avere il menu? (posso ver o menu?)

De posse dos apetrechos necessários, saímos de Veneza Mestre, seguindo de ônibus do hotel até o porto, onde pegamos um barco, utilizando a forma mais veneziana para chegar à Veneza turística, num percurso que durou em torno de 20 minutos.

Veneza

Depois da travessia, desembarcamos em Veneza carregando todas as emoções do mundo. Ingressamos em outro barco maior, saindo da ilha de Tronchetto, em um passeio com duração de aproximadamente uma hora e meia, navegando pelo

Mar Adriático. Conosco, embarcaram os turistas de outros ônibus da mesma empresa. Nem todos os companheiros do nosso ônibus estavam conosco. Alguns preferiram desvendar as belezas da laguna por conta própria, enquanto nós navegávamos pelo Mar Adriático.

A **Ilha de Tronchetto** é uma ilha artificial, conhecida como Isola Nuova (Nova Ilha) que está situada numa ponta da Lagoa de Veneza, tendo sido criada para servir de estacionamento de turistas que não podem transportar seus veículos para a cidade. Tronchetto está conectada à Piazzale Roma, principal estação de ônibus de Veneza.

Era fim de tarde. Do barco era possível perceber que a cidade veneziana ia ficando iluminada pouco a pouco. Nossos olhos contemplavam uma vista magnífica. Tentamos fotografar a cidade de vários ângulos, focalizando tudo, inclusive um super navio que se encontrava atracado. A guia local que nos acompanhava dava informações diversas, enquanto eu assinalava apenas os nomes de cada ponto por onde passávamos, usando o mapa local como referência.

A Lagoa de Veneza (Laguna di Venezia) fica no nordeste do Mar Adriático. Veneza está localizada em um arquipélago dessa lagoa, a 4 quilômetros da terra firme e a 2 quilômetros do mar aberto, sendo composta de 118 ilhas, 150 canais e 400 pontes. A área da laguna é de aproximadamente 550 km², sendo que 8% estão ocupados por ilhas, incluindo Veneza e outras ilhas menores, como Murano e Burano. Apenas 11% são permanentemente ocupados por água ou canais dragados e o restante dos 81% constituem áreas pantanosas salgadas.

A laguna está ligada ao Mar Adriático por três aberturas: Lido, Malamocco e Chioggia, mas como está situada em um extremo fechado do mar, está sujeita a grandes variações do nível de água, decorrentes das marés e dos ventos, ficando inundada sobretudo nas marés do outono.

Dois anos após nossa passagem por Veneza, em 2003, foi iniciada a construção do sistema MOSE (que poderia ser uma alusão a Moisés da Bíblia), que significa Modulo Sperimentale Elettromeccanico. O MOSE previa a construção de grandes comportas basculantes para controlar o movimento de entrada de água na laguna. Esse projeto foi concluído e já foi testado em 2020, porém o que não sabemos é se, de fato, ele poderá valer como solução definitiva para as inundações de Veneza.

Grande parte das atuais ilhas de Veneza já foram zonas pantanosas que, aos poucos, foram sendo drenadas e se transformaram em áreas habitáveis. Nosso passeio naquele fim de tarde nos proporcionou o conhecimento de algumas dessas ilhas. Depois de pouco tempo navegando, a luz que iluminava o caminho aquático foi diminuindo até desaparecer. O que nos guiava eram as luzes distantes, da Laguna e das ilhas das quais nos aproximávamos.

Passamos ao lado do campanário São Nicolau - o patrono da laguna. Eu aproveitei para pedir socorro ao santo, apesar de ser sua desconhecida. A **Igreja**

de São Nicolau situa-se numa ilha onde moram pessoas abastadas. Lido é uma ilha de veraneio, suntuosa, a única da laguna preparada para circular veículos naquela época (2001). Dali até o mar são 400 metros em linha reta.

A **Ilha do Lido**, com 18 km de comprimento, praias e elegantes hotéis, constitui-se num balneário sossegado e centro turístico, onde é realizado o Festival Internacional de Veneza. A ilha tem três partes: O próprio Lido, onde fica o Grand Hotel des Bains, o Cassino de Veneza e o Grand Hotel Excelsior. A segunda parte é o Malamocco, que marca o espaço da primeira povoação e onde o Doge de Veneza tinha residência. Por fim, o Alberoni que fica do lado sul, abriga um campo de golfe e o Forte de San Nicolo. A Ilha do Lido, nos anos de 1900, foi palco do romance de Thomas Mann, filmado por Visconti: Morte em Veneza.

Na **Ilha de Giudecca**, está a igreja do Redentor. A Giudecca deriva seu nome dos judeus *(giudei)*, que viveram na ilha no século XII, ou dos *giudicati,* os nobres banidos na decisão judiciária do ducado. Atualmente a ilha serve de refúgio de pescadores e turistas que pretendem escapar da confusão urbana.

A **Ilha de Murano** tem o formato de uma mini Veneza, sendo composta de nove pequenas ilhas ligadas por pontes sobre o Grande Canal, a poucos passos de Veneza. A localidade tem a tradição de trabalhar o vidro artesanalmente, tarefa passada de geração a geração. A Ilha é famosa pela venda do vidro "soprado', pelo Museu do Vidro e pelas fábricas com seus fornos onde se pode apreciar o trabalho dos mestres vidraceiros. Essa arte foi iniciada no século VIII e Murano foi escolhida como "fábrica flutuante" para evitar incêndios no continente, já que os trabalhadores usam ar e fogo para transformar a areia em vidro. Além disso, por esse trabalho ser considerado uma arte, não permitiam que os vidraceiros deixassem o lugar para não divulgarem a técnica.

A **Ilha de Burano** é uma aldeia de pescadores, a 9 km ao norte de Veneza, sendo famosa por suas rendas artesanais, elaboradas até hoje por senhoras que trabalham em suas próprias casas. Nesse local, no século XVI, as rendas tornaram-se as mais famosas de toda a Europa, sendo inaugurada três séculos depois a primeira escola de rendas, conhecida como Escola dei Merletti. Em Burano, existe uma única praça, uma igreja e campanário com inclinação similar à Torre de Pisa.

A **Ilha de Torcello**, atualmente com poucos moradores, foi o refúgio favorito de Hemingway. Assim como a ilha de Burano, Torcello foi um dos primeiros pontos habitados da laguna, em razão da fuga de venezianos do continente para escapar das contínuas invasões bárbaras. O desenvolvimento dessa ilha ficou comprometido em consequência do aumento dos pântanos e da malária que atingiu a área no século XII. Em Torcello fica a Ponte do Diabo, uma ponte inacabada que, de acordo com o imaginário popular, foi construída pelo diabo em uma só noite, razão pela qual teria ficada inacabada.

O nosso barco se orientava, em determinados trechos, por uma espécie de "piquetes" com uma lâmpada no seu topo. Essa medida de segurança permite que se faça passeios à noite, sem correr o risco de sofrer acidente. Mas em determinado momento, parecia que esses indicadores não funcionavam bem. Estávamos em alto mar e navegávamos do lado leste da Itália. O barco balançava muito, pegando ondas como se fosse um surfista desatinado. Eu não me sentia nem um pouco confortável com aquele balanço. Ao contrário, já estava arrependida de ter aceitado aquela aventura. Afinal, não estávamos na lagoa de Veneza com seus 10 metros, em média, de profundidade. Estávamos no Mar Adriático.

Ao lado do barco, a escuridão era total. Eu não enxergava nada por perto, só a penumbra dos rostos de Visi e de um casal que estava sentado próximo a nós. Comecei a sentir um friozinho no corpo, por fora e por dentro, no estômago ou na barriga, eu não sabia mais onde ficavam os órgãos. Eu estava assustada, pois aquele barco, a despeito de ser preparado para esse tipo de empreitada, julguei que era pequeno para enfrentar tanto volume de água sem soçobrar. Torcia para que ninguém fizesse movimentos bruscos, indo para um dos lados da embarcação, porque correríamos o risco de ser lançados em qualquer ponto do oceano. Sabia que outras pessoas ao redor de mim não estavam tão serenas quanto pareciam, mesmo assim, não expus meus medos, para não aumentar o clima de tensão que eu insistia em afastar de mim.

Depois de um tempo que me pareceu eterno, finalmente estávamos navegando de volta, na direção de Veneza. Mesmo apreensiva, consegui prestar atenção em outros pontos que a guia nos indicava. Avistamos ao nosso lado, o **Monastério de San Lazaro** e, mais adiante, a **Ilha de San Servolo**, local onde no passado funcionava um manicômio.

Comecei a relaxar de novo quando vi a cidade toda iluminada, cada vez mais brilhante, à medida em que nos aproximávamos do desembarque. Instante glorioso, admirar Veneza à noite, a partir da laguna. Aproveitei a cidade cintilante como ponto de atração para focar o meu olhar, desviando-o do breu ao redor. Certamente os faróis da embarcação eram suficientes para guiá-la de volta ao ponto de onde partira, mas, para uma pessoa medrosa, entrar no mar é aventura para ser realizada à luz do dia, depois de muito planejamento.

Após uma hora e meia de passeio pelas ilhas e de alguns apertos no coração, desembarcamos perto da Praça São Marcos, em frente ao Hotel Gabrielli. Chegamos em paz. Andamos até a Praça São Marcos, cruzando cinco pontes.

Veneza tem apenas uma praça: a **Piazza San Marco**. As demais áreas abertas de Veneza são chamadas "Campo" e não praça. As arcadas da Praça São Marcos vão até a Basílica, passando pelo Campanário, pela *Piazzeta* e terminando na bacia de São Marcos, que representa a porta para o Mar Adriático. Napoleão teria comentado (1797) que a San Marco poderia ser considerada a "sala de estar do mundo". Penso que ele tinha alguma razão, pois esta praça é deslumbrante. Napoleão fechou o lado oeste da praça com a Ala Napoleônica, onde se encontra o

Museu Correr. Nos lados norte e sul estão as Procuradorias (século XVI).

Na *Piazza San Marco,* assistimos ao concerto das orquestras que tocavam, uma de cada lado da praça. Tentamos fotografar a cena em que a orquestra toca ao fundo e turistas brasileiros, baianos, se colocam na frente, comportando-se como "estrelas".

Depois de desfrutar do espetáculo musical imperdível, deixamos a praça, e fomos passear pelas ruas estreitas de Veneza, atravessando pontes para chegar a determinados lugares. Admiramos as vitrines das lojas que vendem os cristais de Murano - verdadeiras obras de arte veneziana. Voltamos encantados, sobretudo com o cenário das orquestras tocando música italiana na bela *Piazza.* Dentre as canções que mais amamos, ouvimos a música-tema do filme Cinema Paradiso. Envolvida neste cenário eu pensei: a Divindade mora aqui.

****

Um novo dia, após uma noite de sono repousante, estávamos novamente a postos para voltar a Veneza, fazendo o mesmo trajeto do dia anterior, de ônibus até o porto onde tomamos o *vaporetto.* O vaporetto (barco motorizado) é um meio de transporte público que circula por Veneza e ilhas adjacentes. É tipo um "ônibus" aquático que atraca em diversos pontos da ilha para embarcar ou desembarcar passageiros. Existem algumas linhas que operam nesse sistema que funciona 24 horas, embora à noite a frequência diminua. Há vários modelos de vaporetto, com dimensões e capacidade

166

de lotação variadas.

Nosso desembarque foi no mesmo ponto: em frente ao Hotel Gabrielli. Tivemos a companhia de guia local, uma mulher que usava uma sombrinha para sinalizar a direção em que estava indo, para que pudéssemos avistá-la de longe. Enquanto andávamos em direção à Praça São Marcos, a guia nos apontava as igrejas e outros monumentos, situados dos dois lados da laguna. Por incrível que possa parecer, Veneza possui dezenas de igrejas, ultrapassando de cem, segundo informações da guia. Muitas já foram destruídas, outras reconstruídas, ainda restando várias que podem ser visitadas por turistas, não importando a religião. A seguir, registrei dados sobre algumas das igrejas venezianas que nos foram apresentadas durante nosso tour matinal.

Igreja de San Giorgio Maggiore. Situada numa ilhota, para ir até lá, pode-se pegar o vaporeto (4 minutos de travessia) saindo de Schiavoni, conhecido como Cais dos Eslavos, por causa dos mercadores que descarregavam seus produtos ali. A igreja é do século XVI e é considerada uma construção eclesiástica rara do projetista Andrea Palladio. O coro da igreja é decorado por quadros de Tintoretto.

A **Igreja do Redentor** está localizada na ilha da Giudecca e foi construída como agradecimento a Deus pelo fim de uma peste ocorrida em Veneza em 1576. A igreja possui fachada em mármore branco e seu interior possui uma nave única com capelas laterais.

A **Basílica de Santa Maria della Salute** é

considerada a obra-prima de Baldassare Longhena. Assim como a Igreja do Redentor, essa basílica foi construída como agradecimento à Virgem Maria pelo fim de uma peste que matou parte da população da região do Vêneto em 1630. O prédio é barroco e o interior, sóbrio, com formato octogonal.

A singela **Igreja de San Samuele**, com arquitetura românica, está localizada no campo homônimo, com fachada voltada para o Grande Canal.

Igreja de San Stefano. Essa foi construída no século XIII, em estilo gótico veneziano, possui o teto com o formato de quilha de navio, invertida. Está localizada no campo homônimo, em uma praça perto da Ponte dell' Academia e da Praça São Marcos. Santo Estêvão é considerado o primeiro mártir do Cristianismo. Como um dos primeiros diáconos da igreja de Jerusalém, além de prestar serviços de caridade, ele era um sábio pregador da Palavra de Deus, o que incomodou os líderes judeus que o apedrejaram até a morte. Sua festa é celebrada no dia seguinte ao Natal de Jesus, para marcar o fato de ele ter sido o primeiro mártir da Igreja.

A **Igreja San Moisè**, diferente das demais, é dedicada a um personagem bíblico e não a um santo. A igreja fica no campo homônimo, em frente à ponte que leva até ela.

Mas não foram só as casas de oração que vimos em Veneza. Outros pontos também fizeram parte do nosso roteiro veneziano. Um dos mais famosos, a **Ponte dei Sospiri**, obra barroca do século XVII. A ponte se liga ao que foi, no passado, um presídio. Dizem que os condenados ao passarem por ela, "suspiravam" ao virem pela última vez o mundo exterior. A Ponte dos Suspiros é uma ponte em arco que liga o Palazzo Ducale às Prigioni Nueve, considerado como o primeiro edifício do mundo construído com a finalidade para ser presídio.

O **Palazzo Ducale**, conhecido como Palácio Ducal, serviu de residência dos duques, como também a outras atividades do palácio. Durante 900 anos, esse palácio foi o centro do poder e da pompa. Tem fachada em mármore rosa e granito branco com arcadas imponentes. Situa-se de frente para a Piazzeta e para a Bacia de San Marco. Foi erguido sobre um castelo em estilo bizantino. Seu estilo é flamboyant e gótico, dos séculos XIV e XV. Nos cantos, há três esculturas: Embriaguez de Noé (na ponte Paglia), Adão e Eva (na Piazzeta) e Julgamento de Salomão (perto da Basílica).

As **Duas Colunas**: esses monumentos estão localizados na Piazzeta que leva à Bacia de San Marco, perto do Palazzo Ducale. A Coluna de San Marco possui uma estátua em bronze do Leão Veneziano (com asas) e a outra coluna possui uma estátua em mármore do primeiro padroeiro da cidade, San Teodoro com seu dragão. Nesse local, no passado, era entre essas duas colunas que aconteciam as execuções de criminosos. Pessoas supersticiosas evitam passar entre as duas colunas, embora essa tenha sido a porta de entrada da cidade antiga. Estas duas colunas foram trazidas de Constantinopla, no século XII.

A **Livraria Samsoviniana**, situada ao lado da Piazzeta, em frente ao Palácio dos Doges, possui proporções harmoniosas, refletindo a estrutura da Renascença. As arcadas são compostas de colunas inspiradas no Coliseu. Essa livraria abriga a Biblioteca Marciana que dispõe de 750 mil volumes e manuscritos, dentre eles, o testamento de Marco Polo.

A **Basílica de San Marco**, fica na praça homônima e foi iniciada em 830 como uma capela do doge para abrigar os restos do evangelista Marcos. As arcadas foram ornamentadas por mosaístas gregos. A basílica possui 4.000 metros quadrados de mosaicos em ouro. "Tudo o que brilha é ouro".

Desde a restauração, os originais foram colocados no museu Precioso, ao lado da Basílica. Os mosaicos originais nos domos e abóbadas são do século XI ao XV. O altar principal situa-se sobre a sepultura de São Marcos. As pedras preciosas foram acrescentadas no século XIV. Dizem que tem 2.486 pedras, incluindo: 1.300 pérolas, 400 granadas, 300 safiras, 300 esmeraldas e 15 rubis. Mesmo Napoleão tendo furtado algumas pedras, ainda sobram muitas para provocar preocupação dos que são responsáveis por esse tesouro.

Sobre os restos mortais de São Marcos, sepultados nessa igreja, achei por bem deixar registrada uma história de sequestro ocorrido no ano 828: Dois mercadores ouvem que o *doge* precisa de uma relíquia sagrada para melhorar sua posição junto ao papa. Os dois resolveram buscar os restos mortais do evangelista Marcos, indo para Alexandria onde

Marcos tinha sido bispo. Removeram os restos mortais do mausoléu, colocando no lugar os restos mortais de Claudiano - um santo de menor expressão. Ao serem revistados, no navio, pelos egípcios que indagaram o que continha no cesto, responderam: "Vejam vocês mesmos", mostrando postas de carne. "Kanzir, Kanzir" (porco! porco!) - disseram os soldados muçulmanos que, horrorizados, deixaram passar os ossos de Marcos, que estavam escondidos embaixo. Foi assim que os restos mortais de São Marcos vieram parar em Veneza, transformando-o em padroeiro da cidade a partir dessa época.

Para entrar na Basílica é necessário ter os ombros cobertos e as pernas também. Não é permitido conversar dentro da igreja, por isso a guia forneceu todas as informações do lado de fora. Fizemos parte de um grupo de fiéis que formavam uma fila sinuosa e quilométrica, todos ansiosos aguardando sua vez de entrar na famosa Basílica.

Havia muitas pessoas na praça, andando em todas as direções, provavelmente já haviam visitado a basílica, ou teriam preferido dar comida aos milhares de pombos que passeavam no meio do povo. Na Praça São Marcos há muitos turistas e uma quantidade equivalente ou superior de pombos. Há também vendedores de milho que sugerem aos turistas comprarem os grãos para dar de comer aos pombinhos que voam de um lado para outro.

Na Praça São Marcos há um **Campanário**. Suas torres têm 99 m de altura e serviram durante 10 séculos como torres de vigia e de tiro. O imperador

Frederico II subiu a cavalo a rampa espiral do Campanário. Ali, os criminosos eram pendurados nas torres em gaiolas de madeira. O campanário rachou em 1902, desmoronando na *Piazza*. Na queda, não feriu ninguém. Ao completar 1.000 anos, foi reconstruído. O atual edifício é uma reconstrução do farol que ali existia desde 1514. Foi aí que Galileu testou seu telescópio em 1609. De cima pode-se ter uma vista da cidade, do Adriático e da região norte da Itália.

Há em torno de São Marcos, uma grande construção - as **Procuradorias Velhas e Procuradorias Novas** - *Procuratie Vecchie e Procuratie Nuove*. Essas Procuradorias são do século XVI e funcionavam como residência de autoridades da República. Atualmente são ocupadas por elegantes butiques, joalherias, lojinhas de souvenirs e cafés.

Ao lado direito da Basílica de São Marcos, em frente a uma pracinha, existe um edifício simples - **Palácio Patriarcal** - que serve de residência do arcebispo, chamado patriarca. Nesse prédio moraram Pio X, João XXIII e João Paulo I, antes de se tomarem papas. No lado oeste da Praça São Marcos, de frente para a Basílica, há o **Museu Correr**, em restauração quando estivemos nessa cidade. Além desse museu, há outros na Praça São Marcos: o Palazzo Ducale, o Museu Archeologico Nazionale e a Sala Monumental da Biblioteca Marciana. Já a **Igreja de Vivaldi** situa-se no trecho entre a Bacia de São Marcos e o Hotel Gabrielli. Nela, há concertos de música veneziana.

Para finalizar o tour guiado, fomos a uma

Fábrica de cristais de Murano. Observamos que à baixa temperatura o vidro endurece. Assistimos a uma demonstração da fabricação dos cristais e a uma demonstração, na loja, da resistência desse material. Ficamos boquiabertos diante da exuberância das peças expostas nas vitrines. Um espanto de lindas!

Depois fomos deixados à vontade para o almoço e outras atividades autônomas. Conhecemos o funcionamento dos banheiros públicos em Veneza. A entrada custava £ 1.000 (mil liras), mas valeu a pena pois *"i gabinetti sono netti"* (os banheiros são asseados). O nosso almoço foi o trivial para quem está na Itália: uma pasta ao pesto genovês (com manjericão, alho, azeite e queijo), inteiramente aprovada por nós.

Seguindo o nosso plano de autonomia, passeamos um pouco mais, atravessando pontes e observando gondoleiros cantando enquanto guiavam turistas por entre os canais estreitos. Exaustos, resolvemos permanecer na Praça São Marcos, sentados no chão, recostados numa pilastra, perto do Museu Correr, olhando os transeuntes que, como nós, não se cansavam de admirar as lindas arcadas das Procuradorias, dar comida aos pombos e fotografar.

Próximo ao horário marcado para o encontro com o grupo, resolvemos tomar um café num lugar daqueles indicados por amigos, lá no Caffè Florian, que fica na Piazza San Marco e onde se pode também tomar um suco ou uma bebida típica da cidade - um belini (champanhe com pêssego). Mas nós queríamos mesmo era um café para despertar daquela lerdeza que tomava conta das nossas pernas. Uma lerdeza que acabou rápido com o efeito do café e o susto ao ver as águas da laguna invadindo a praça. Aquilo, sim, era Veneza!

Aproveitei, então, para acrescentar a esta narrativa algumas notas sobre esse curioso fato: "As águas de Veneza".

Em 4 de novembro de 1966 o "siroco" - um vento que sopra da África do Norte, combinado com o "bora", vindo dos Alpes, empurraram as águas do Mar Adriático para o interior da Laguna Veneta, onde se ergue Veneza, fazendo com que seu nível subisse mais dois metros, inundando a cidade e destruindo ou danificando muitos tesouros artísticos. Desde 1876, quando se iniciou o registro sobre esse tipo de ocorrência das águas altas, o fato ocorre periodicamente. Antigamente, essa invasão ocorria mais ou menos duas vezes ao ano. Depois passou a repetir-se cerca de 60 vezes ao ano. Isso se agravou em decorrência do aterro de quase vinte e cinco por cento da laguna para as obras do aeroporto, da escavação do Canal do Petróleo - aberto para a passagem de grandes navios e do fechamento de 8.500 hectares dos viveiros de pesca.

Desde 1982, surgiu o Projeto Veneza Nova, com a aprovação de mais de 30 entidades espalhadas por 14 nações, dando início aos primeiros trabalhos para a regularização da entrada das águas do Adriático na laguna, o que ocorre através de três bocas abertas para o mar: Lido (a maior), Malamocco e Chioggia.

O fenômeno a que assistimos não chegou a

assustar. Como já estava na hora de irmos embora, não soubemos dizer se as águas se acalmaram, ou se avançaram da *Piazzetta* até a Basílica.

Veneza foi fundada no meio das lagunas por refugiados de ataques lombardos, no século VI. Prosperou pelo relacionamento privilegiado com Bizâncio e pela disposição em comercializar com os muçulmanos e outros povos do Oriente. Os mercadores de Veneza sentiam-se felizes em levar especiarias para os lombardos no vale do Pó e, além dos Alpes, para o norte da Europa. Assim, a cidade expandiu seu comércio com o Oriente, ao mesmo tempo em que transportava peregrinos para a Palestina. Quando Bizâncio ameaçou seus privilégios comerciais com o Oriente, Veneza persuadiu os exércitos cruzados a atacar Constantinopla (1204), a fim de fortalecer sua posição.

Veneza é conhecida como Sereníssima ou Cidade dos Doges. A cidade continua estimulante, mas serena, contribuindo para a manutenção dos tesouros que acumulou ao longo dos séculos e que guarda com tanto carinho. Ao contrário de outras cidades, que a cada ano constroem novos quarteirões, Veneza é um exemplo de permanência, parece não se preocupar em mudar seu estilo e continua lá, serena!

****

Sábado, 15 horas em Veneza e nós nos despedindo da Cidade dos Doges. Seguimos para uma região mais no centro da Itália, trafegando pelo meio da "canela da bota", com destino a Florença -

cidade berço do Renascimento. Um percurso de aproximadamente 260 quilômetros pela rodovia A13, com previsão de chegada no final da tarde.

Já na estrada, observamos uma vegetação mais rasteira. A pista era plana e bem ampla, não dava para os motoristas se acotovelarem. Todas as terras no nosso entorno estavam cultivadas, a exemplo do que havíamos presenciado em quase todas as regiões por onde passamos, desde a Espanha. Continuávamos a admirar tudo aquilo, ao mesmo tempo em que ingressávamos em uma nova região italiana.

Região da Emília Romagna

Essa região fica no norte da Itália, estendendo-se desde os Apeninos até o rio Pó. É conhecida por suas cidades medievais e sua gastronomia. Sua capital é Bolonha. Nesse trajeto, a cidade de **Ferrara** que fica a pouco mais de 100 quilômetros de Veneza, surge no nosso caminho, levemente próxima, mas sem nos dar a intimidade de conhecê-la. A comuna italiana está situada na província homônima, fazendo fronteira com quase vinte comunas. Fica às margens do Pó di Volano, um canal que se ramifica a partir do curso principal do rio Pó.

Seus pontos de interesse mais conhecidos são: O Castelo dos Este, situado no centro da cidade, com quatro torres e rodeado por um fosso de água; o Palazzo dei Diamanti, um dos monumentos do Renascimento italiano, com 12.000 pedaços de mármore nas paredes externas, em forma de diamante; o Museu Arqueológico Nacional, com peças de cerâmica dos povos que habitavam a cidade de Spina e a Catedral de Ferrara, dedicada a São Jorge, o padroeiro da cidade.

Quando ouvimos sobre as cidades que vão surgindo enquanto passamos ao largo, ficamos com a sensação de que falta alguma coisa. E falta mesmo. Faltará sempre, pois não somos donos do mundo para administrar todas as coisas do jeito que queremos. Só conseguimos apreender o que captamos nos intervalos de tempo. Pouca coisa, mas o suficiente para satisfazer provisoriamente nossas mentes humanas.

Meia hora depois de passarmos pelas imediações de Ferrara e já com sonolência provocada pelo embalo do ônibus, fomos alertados sobre outra cidade da Emília Romagna, **Bologna.** Segundo historiadores, a cidade possui a mais antiga universidade do mundo, criada no século XI. Bologna é uma cidade próspera, com um centro histórico repleto de prédios com arcadas elegantes e um clima aristocrático. A Faculdade de Direito foi criada no final do Império Romano. A cidade se orgulha de ter concedido a Mozart seu diploma da Academia Filarmônica. Na gastronomia, Bologna é comparada a Lyon, na França.

Alguns pontos importantes dessa cidade: Palazzo Comunale, construção medieval, possui um pórtico da Renascença; Basílica de San Petronio, do século XIV, é uma das mais imponentes igrejas góticas da Itália; Fonte Netuno, onde o deus do mar foi esculpido rodeado de ninfas e querubins; Torres de

Bologna, estruturas medievais que representam o marco da cidade. A Torre dos Asinelli, do século XII, é a mais alta das duas torres com 97 metros de altura e é considerada a torre inclinada mais alta da Itália, com 498 degraus; Fonte de Netuno, na praça homônima, ao lado da Piazza Maggiore que é uma praça central da cidade.

As placas de sinalização indicavam a direção de **Milão**, na região da Lombardia, considerada a mais rica dentre as vinte regiões da Itália. Milão se destaca por ser uma cidade próspera, com sua catedral famosa, considerada a mais grandiosa catedral gótica da Itália. Mas a cidade estava bem longe dali e não fazia parte do nosso roteiro.

Enquanto aguardávamos novas notícias, seguíamos relaxados, sentindo um friozinho de ar-condicionado. Do lado de fora, vingava o mesmo sol brilhante de Veneza. Em certo trecho da estrada, avistamos um restaurante - Autogrill - sobre uma espécie de passarela. O restaurante ficava em um local suspenso, atravessado sobre a pista.

O relógio avisava: 17 horas e 15 minutos. No trecho por onde passávamos era possível observar montanhas cobertas com uma vegetação abundante, incluindo pinheiros. Até aquele momento, havíamos cruzado diversos túneis, cada um mais extenso que o outro. No Brasil e em outros países da América do Sul, eu nunca tinha visto nada parecido. Como são extensos, há várias emendas. Quando o ônibus passava por cima das emendas, fazia um barulho estranho.

Além dos túneis, cruzamos vários viadutos. Havia uma combinação entre essas estruturas, gerando uma sincronia entre viadutos e túneis, de modo que, ao passar por um viaduto, sabíamos que a seguir viria um túnel. Os claustrofóbicos devem procurar uma outra rota para viajar, pois os túneis estão lá há anos e eles cruzam todas as rochas que encontram pela frente. Ali não se faz rodeios, contornando montanhas. Segue-se sempre em frente, vencendo as barreiras. E assim como os túneis, nós também estávamos vencendo as barreiras de uma localidade a outra, de uma região a outra, sem parar.

Região da Toscana

Situada no centro do país, essa região é conhecida por abrigar obras de arte e arquitetura renascentistas das mais conhecidas, a exemplo das obras de Botticelli, da Catedral Santa Maria del Fiore, do David de Micheangelo, além dos vinhedos e oliveiras de Chianti, das praias da ilha de Elba no Mar Tirreno e dos Montes Apeninos.

Percorríamos uma nova região, e estávamos nos aproximando da cidade de Florença - no coração dos Apeninos Setentrionais, numa bacia do rio Arno que segue para Pisa.

Florença

Chegamos a Florença, ao entardecer. Nada mal para viajantes combativos que aproveitam todos os segundos para conhecer as localidades por onde passam. Mas naquele dia em especial, nós decidimos ficar nas redondezas do hotel, inclusive jantamos no próprio hotel para termos mais tempo de organizar as malas. Era hora de dar um giro dentro delas para separar as peças, posicionando-as corretamente para o uso ou o desuso. Afinal, já havíamos cumprido mais da metade da excursão portanto, tínhamos a exata noção do que seria utilizado dali para frente.

O Hotel First era um local aprazível, com boa iluminação natural, espaçoso, causando a impressão de um lugar familiar, desses que a gente sente vontade de se largar pelo chão, descalço. Foi o que fizemos para sentir aquele gostinho de pertencimento ao lugar.

Após a sessão de relax e arrumação das malas, foi a vez de organizar as ideias que comporiam essas memórias, atualizando os dados diários. Como chegamos no final da tarde, no dia seguinte, faríamos o tour com guia local, havia pouca informação sobre a cidade para ser registrada. Mesmo assim, preenchi algumas lacunas e anotei o que estava disponível até aquele momento.

Florença é a capital da Toscana, considerada o berço do Renascimento e centro mundial da vanguarda científica, técnica e cultural. Florença é a terra dos dialetos, onde se fala um dialeto específico como se fosse um segundo idioma italiano, inclusive sendo ensinado nas escolas. É uma cidade arborizada e a paisagem da cidade remete ao espírito ruralista dos moradores da Toscana.

É uma cidade esplendorosa em museus e monumentos. A partir de 1401, surgiram palácios com características do classicismo grego (respeitando a simetria, diferente do estilo gótico em que essa simetria não é respeitada). Nós conheceríamos a cidade que, dizem, possui um museu a céu aberto. Embora ansiosos, dormimos cedo para recarregar as energias e iniciar o dia seguinte a todo o vapor.

****

Domingo. Noite bem dormida, café da manhã caprichado para seguirmos um roteiro exaustivo, com previsão para durar o dia inteiro. Fomos acompanhados durante nossas visitas na parte da manhã por um guia local, um senhor de cabelos brancos, com um italiano bem característico, cheio de gestos.

Como sempre, todos os excursionistas estavam acomodados em suas poltronas, ouvidos atentos e olhares inquietos, que vagavam de um lado para outro, tentando acompanhar a fala do guia. Era uma cena estonteante: o guia apontava de um lado, os que estavam do lado contrário, se levantavam um pouco (algumas pessoas de menor estatura) para registrar o objeto em foco. Segundos depois, o guia apontava do outro lado e o movimento dos viajantes se repetia, alternando os lados de quem se espichava para ver a novidade. E assim seguiu até o final, enquanto estávamos dentro do ônibus.

Florença foi fundada por soldados de Júlio César, no século I a. C. sendo que dois séculos depois ela já era um próspero centro comercial. Na Idade Média, Florença tornou-se uma cidade importante, onde trabalhadores, banqueiros e comerciantes conheceram a prosperidade, época em que a cidade abrigava muitas indústrias de tecido.

A cidade que já foi cercada por muralhas até 1875, tem seu nome relacionado a "flor", e é atravessada pelo rio Arno que possui 250 km de extensão, passando por Pisa e desaguando no Mar Tirreno.

Ao seguirmos para a Praça Michelangelo, passamos por uma rua lindamente arborizada, a **Viale dei Colli**, fazendo-me lembrar de um dos bairros de Paris. Percebi que meus termos de comparação estavam se modificando, já não eram mais entre o país de origem e o país visitado, mas eram em "nível europeu", o que me fez dar um riso contido.

Descemos na **Praça Michelangelo**, onde há uma cópia de David, em bronze, do mesmo tamanho da obra original, criada por Michelangelo e que se encontra no Museu dell 'Academia. Tiramos uma foto, tendo ao fundo, o David. Dessa praça (que é o ponto mais alto da cidade - 114 m) tem-se uma bela vista de Florença. Na praça há um prédio que foi construído para ser o Museu de Michelangelo, mas se tornou um restaurante.

Na colina atrás da praça Michelangelo há uma igreja em estilo românico - **Igreja de San Miniato**. Na capela está o túmulo em mármore do século XV, construído por Antonio Rosselino para o cardeal de Portugal.

Retornamos pela Vialle dei Colli, passando pela **Torre de La Moneda** e, a seguir, pela **Porta de São**

Nicolau, do lado do rio Arno. Naquele instante, fomos avisados de que deixaríamos o ônibus seguir com o motorista, enquanto nós seguiríamos a pé com os dois guias, para conhecer os demais pontos turísticos. Aos poucos fomos descobrindo a cidade, ouvindo as explicações do guia local. Os registros são a prova do quanto andamos naquele dia ensolarado e calorento.

A **Biblioteca Nacional Central**, com duas torres, fica situada em frente ao rio Arno. Essa biblioteca possui quase 7 milhões de livros. As torres representam: Dante (esquerda) e Galileu Galilei (direita).

A **Igreja de Santa Croce** foi projetada no final do século XIII por Arnolfo di Cambio e possui afrescos de Giotto. Os florentinos veneram essa igreja por ser o último lugar de repouso de Galileu, Machiavelli, Ghiberti e o compositor Rossini. Aqui também se encontra o túmulo de Michelangelo que morreu aos 89 anos de idade e cujo corpo foi tirado de Roma dentro de um saco. (Michelangelo desejou ter a Pietá, uma de suas obras, sobre seu túmulo, mas a obra encontra- se no museu da Catedral). Ao lado da igreja Santa Croce, está a **Capela Pazzi, uma obra** de Brunelleschi, considerada uma joia da Renascença.

No **Museu Santa Croce**, considera-se como o maior tesouro a Crucificação, de Cimabue. É uma obra do século **XIII,** tendo sido restaurada após a inundação que ocorreu em Florença em novembro de 1966.

Seguimos nossa trajetória vislumbrando outros tesouros como: **Torre de Arnolfo** (1898) e o **Museu de Antropologia**. Mais adiante avistamos:

O **Museu Nacional Bargello** que representa uma fortaleza do século XIII, tendo sido a primeira sede da prefeitura de Florença. Foi também prisão, antes de ser o Museu Nacional de Escultura. O salão do Conselho abriga obras de Donatello, de Brunelleschi e de Ghiberti. O segundo andar guarda um David de Verrocchio (cujo modelo teria sido Leonardo da Vinci, aos 19 anos. Leonardo foi discípulo de Verrocchio).

Chegamos à **Piazza della Signoria**, considerada o centro cívico de Florença. Foi a família Médici que mandou colocar as esculturas nessa praça, inclusive a estátua equestre de Médici. Ali estão as cópias de Judith e de David. A de Netuno, o deus do mar, da autoria de Bartolomeo Amannatti, é considerada a mais imponente de todas. Nessa praça, os turistas andam em todas as direções, admirando as esculturas (que são muitas), fotografando e conversando.

E nós, andando, olhando e anotando. Eu não estava sozinha tomando nota dos nomes dos monumentos. Havia outras pessoas, de idades diferentes, provavelmente, de outras nacionalidades que, assim como eu, talvez tivessem interesse em anotar para reproduzir depois.

Passando pelo prédio da **Aduana Antiga** com inscrição na porta: "Duagna" e pelo **Tribunal de Mercadores** (século XIV), com escudos representativos dos ofícios. Os prédios dessa área representam a parte monumental da praça. O conjunto destes prédios apresenta um visual rústico muito bonito. Antigamente essa área era chamada Piazza Del Popolo (século XIV). Há um conjunto esplendoroso nessa praça cujas características registrei. Trata-se do Palazzo Vecchio e da Galleria degli Uffizi:

O **Palazzo Vecchio**, também chamado de Palazzo delia Signoria, era a sede da prefeitura desde 1299. Seu exterior é em estilo gótico italiano. Da autoria de Arnolfo di Cambio, o palácio sofreu modificações por Vasari que o ornamentou visando o casamento de um membro da família Médici, em 1560. A ornamentação expressa o poder florentino nas obras de Vasari, indicando as vitórias sobre as cidades de Siena e Pisa, assim como na estátua "Vitória", de Michelangelo.

A **Galleria degli Uffizi** possui mais de 50 salas com obras primas da Renascença, contendo pintura italiana e europeia. É considerada a mais rica galeria de arte da Itália. Tem o formato em U, indo desde o Palazzo Vecchio até em frente ao rio Arno. É uma galeria enorme com filas quilométricas de turistas. Os quadros são expostos em ordem cronológica do século XIII ao XVIII. Alguns destaques das obras expostas:

- Giotto: "Madona entronizada" (1300)
- Simone Martini: "Anunciação", indica Maria se afastando do Arcanjo Gabriel
- Paolo Uccello: "Batalha de San Romano" (1450)

- Botticelli: "Primavera" (1478) e "Nascimento de Vênus"
- Hugo van der Goes: "Adoração dos pastores"
- Verrocchio: "Batismo de Cristo" (1470)
- Albrecht Dürer: "Retrato do pai" (1450)
- Lucas Cranach: "Adão e Eva" (1528)
- Michelangelo: "Sagrada Família" (1504) - única obra de Michelangelo nessa Galeria
- Rafael: "Madona do passarinho" e "Auto-retrato"
- Ticiano: "Vênus de Urbino" e "Flora" (1515)
- Parmigianino: "Madona de pescoço longo" (1534)
- Caravaggio: "Baco" (jovem camponês seminu) e "Abraão e Isaac" (1590)
- Rubens: "Bacchanale"
- Rembrandt: "Velho Rabino" (1658)

O nascimento de Vênus (La Nascita di Venere), de Botticelli, representa na história da arte a ideia de perfeição da beleza feminina, do mesmo modo que O David, de Michelangelo, representa a perfeição da beleza masculina.

Foi-nos sugerido visitar o **Museu de Storia della Scienza**, onde se encontram os telescópios de Galileu e seu dedo médio, em conserva, além de um fonógrafo de Edison. Não tivemos tempo para atender à sugestão. O museu apresenta diferentes estilos de arte. Continuamos o nosso roteiro, indo a outros lugares dessa bela cidade.

No lado sul da Piazza della Signoria, fica a **Loggia della Signoría** ou Loggia dei Lanzi que funcionava como tribuna de honra para a elite, sendo depois convertida em prisão para mercenários suíços. Os escudos que aparecem nesse prédio significam: prudência, justiça, força e temperança. Há um conjunto de três esculturas sob as arcadas da Loggia. Da esquerda para a direita: Perseu segurando a cabeça da Medusa, obra prima de Benvenuto Celini; a segunda é Marzocco (cópia), o leão heráldico de Florença; a outra peça importante é o Rapto de uma Sabina, de Giambologna (Jean de Bologne). O prédio estava sendo recuperado na data em que visitamos a cidade.

Seguindo em outra direção, chegamos a uma área comercial na **Via dei Calzaiuoli** que liga a **Piazza della Signoria** (política) à praça da Catedral (religiosa). Aí estão as mais elegantes sapatarias da cidade. É a rua principal desta área e mantém a tradição de seu nome medieval. Possui um calçadão, por onde as pessoas circulavam com tranquilidade.

A **Orsanmichele** é uma construção alta e retangular. Foi feita para guardar trigo, mas foi transformada em igreja, em 1313. Os 14 nichos que dão para as ruas abrigam estátuas de santos: São João, o padroeiro da cidade (lado leste); São Mateus (lado oeste); São Jorge (lado norte) e São Marcos (lado sul).

Chegamos à praça da Catedral ou **Piazza del Duomo.** Nessa praça, além da belíssima Catedral, do Batistério e do Campanário, há também o Museu del'Opera dei Duomo.

Catedral Santa Maria Del Fiore. Iniciada em 1296, possui uma belíssima fachada em mármore verde, branco e rosa. Ela foi concluída seis séculos depois. Tem 153 metros de comprimento por 90 metros de largura e 54 metros de altura. A cúpula vermelha é obra de Brunelleschi. São 463 degraus até o topo. A estrutura da cúpula, original em madeira, encontra- se no museu da catedral. Abaixo do altar principal, está o santuário de bronze, de Ghiberti. A catedral é simples no seu interior, indicando ser uma casa de oração, apesar de ser suntuosa por fora.

O **Campanário** possui 112 metros de altura, sendo ornamentado nas seções inferiores com baixos-relevos de Andréa Pisano e Luca della Robbia, a partir de desenhos de Giotto (1634). Os desenhos retratam ações da vida do homem, da criação de Adão à ascensão da civilização.

O **Batistério** é do século XII. É o edifício mais antigo (1059). Possui estilo românico octogonal, famoso pelos baixos-relevos das portas de bronze. A mais antiga é de 1330, está voltada para o sul e foi projetada por Andréa Pisano. Conta a história de João Batista. Um século após, Ghiberti ganhou o concurso para fazer as portas do leste e do norte. Michelangelo disse que a porta que está voltada para a Catedral, de tão bonita, seria digna para adornar a porta do paraíso. Desde então, passou a ser conhecida como "a Porta do Paraíso". O Batistério não funciona como batistério, mas como museu. Sua cúpula representa o Juízo Final.

As portas originais, em bronze, que Brunelleschi construiu para participar do concurso (perdeu para

Ghiberti) estão no Museu Bargello. A "Porta do Paraíso" foi inaugurada em 1452. Nessa magnífica porta há dez quadros (baixo-relevo) representando histórias bíblicas. São cinco de cada lado, assim distribuídos:

Gênesis	Caim matando Abel
Arca de Noé	Sacrifício de Isaac
Esaú e Jacó	José
Moisés e as Tábuas da Lei	Josué conquista Jericó
David e Golias	Salomão e o Reino de Sabá

Por todos os cantos é possível se constatar o poder que teve a família Médici em Florença. Eles vieram das montanhas, cambiavam moedas em bancos de madeira. Aos poucos, foram prosperando, galgando espaços e postos na cidade, alcançando o poder que fez com que eles marcassem a cidade florentina. Enquanto pensávamos na evolução e poder dessa família, continuamos nossa caminhada, acompanhando o guia local, passando por outros pontos.

- Galeria da Academia de Belas Artes de Florença
- Piazza de San Giovanni
- Bairro de San Lorenzo
- Antiga residência dos Medicis, situada em frente à Igreja San Lorenzo. Quando visitamos a cidade, nesse local funcionava

um banco.

- Casa de Carlo Colodi - autor de Pinóquio
- Igreja de San Lorenzo - onde está o túmulo dos Medicis. Projetada por Brunelleschi, a igreja nunca foi concluída por fora. Os recursos acabaram antes que seu exterior pudesse ser ornamentado conforme planejou Michelangelo. O brasão da família Médici encontra-se no chão, diante do altar.
- Capella Medici - situada ao lado da igreja San Lorenzo, contém peças que indicam o tributo ao esplendor e à decadência da dinastia.
- Biblioteca Medicca Laurenziana - situada ao lado esquerdo da entrada da igreja San Lorenzo, onde há mesas de madeira projetadas por Michelangelo. A biblioteca abriga também manuscritos iluminados, compondo uma coleção que varia de papiros egípcios a manuscritos de Napoleão.

O guia despediu-se de nós, indicando a loja Tabacchi, onde poderíamos comprar bilhete para pegar ônibus, caso desejássemos. Ele nos deixou numa outra loja, tipo loja de departamentos para que pudéssemos fazer compras para levar na bagagem de volta, aumentando o peso das malas. Aproveitamos a oportunidade para comprar bonés - um para o velho Raimundo, meu pai, outro para o próprio Visi. La Galeria - nome da loja onde entramos, estava oferecendo descontos para os turistas, mediante a apresentação do "bônus" recebido na entrada.

Após realizar as comprinhas, procuramos um

local para almoçar. O local escolhido foi o **Urologio** - um restaurante que dispunha os pratos numa vitrine, como em uma padaria, para que os clientes vissem o menu e fizessem sua escolha. Comemos *pollo arrosto* com *patate*, uma alternativa pouco enganosa, que supunha a garantia de que a carne estaria bem cozida, evitando transtornos digestivos.

Enquanto comíamos, aproveitamos para relaxar as pernas que estavam exaustas de tanto caminhar. Mas como não havia impedimento de observar enquanto me alimentava, eu ia notando sem anotar, o comportamento e o perfil das pessoas que almoçavam no lugar. Em sua maioria, turistas vindos de todas as partes do mundo, com sotaques variados, modos distintos de comer, embora parecessem se equiparar num ponto: a fome. Nessa questão, aqueles viajantes buscavam um só objetivo, o de saciar-se. Apenas registrei.

Depois de atendidas as nossas curiosidades e necessidades, deixamos o restaurante. Sem correria, olhando de um lado e do outro, apurando as impressões sobre o lugar, observando tudo, pois aquela poderia ser a última vez em Florença. Pensando nisso, eu sempre ficava atenta para aproveitar o máximo possível de cada lugar.

Seguimos por outras ruas, procurando coisas novas. Estávamos na **Ponte Vecchio**, a primeira ponte de Florença e, durante séculos, a única. A ponte fica no lado sul do rio Arno. O fundo das butiques é voltado para o rio. Essas lojas foram construídas entre os séculos XVI e XIX.

A ponte coberta foi projetada por Vasari, com o objetivo de servir de passagem para o duque Cisimo, de modo que ele não se molhasse ao atravessar do Palácio Pitti até à Galleria degli Uffizi nos dias de chuva. Como o duque não gostava do cheiro que provinha dos açougues que ficavam na ponte, ele os substituiu por joalherias. Fizemos o trajeto do duque, saindo da Galleria dei Uffuzi até o Palácio Pitti.

Atualmente, o **Palácio Pitti** é museu e os jardins são um parque público. Foi adquirido da família Pitti (1549) para residência oficial da família Médici. No século XIX foi, por um breve período, a residência do rei da Itália unificada. A galeria Palatina contém a coleção de arte da família Médici. Os quadros são exibidos por ordem de preferência, não por sequência histórica. Há preponderância de retratos da família (os tios e as tias foram princesas e cardeais). Há obras de Ticiano, Rafael e Caravaggio.

Registramos nossa passagem pela Ponte Vecchio, tirando uma foto panorâmica do rio Arno. Lá em cima o vento era forte, meus cabelos ficaram revoltos. Paramos numa lojinha na ponte para comprar postais, a garantia de que teríamos imagens verdadeiras da cidade.

Seguimos em outra direção, entrando pela **via Calimala**, considerada o coração de Florença e chegamos ao Mercado Novo.

O **Mercado Novo** fica junto de uma loja do século XVI onde há uma estátua em bronze de um javali, o Porcelino. Muitos turistas jogavam moedas na boca do javali, outros tiravam fotografias. Havia várias barracas nessa área, trazendo-nos a lembrança do nosso Mercado Modelo, em Salvador. Os produtos vendidos eram chapéus de palha e de lona, e produtos de couro: bolsas, malas e sacolas. Algumas comercializavam produtos que pareciam ser provenientes do Ceará: eram toalhas e roupas, principalmente de criança. Os bordados assemelhavam-se aos que são vendidos em Fortaleza, na Rua Monsenhor Tabosa e na Feira de Artesanato em frente à praia.

Adiante, na **Via Del Lambert,** nós encontramos um paraibano que vendia produtos de couro. Sua barraca ficava junto à de seu amigo italiano, que namorou uma brasileira e foi quem nos identificou, falando em português conosco. O paraibano estava há um ano em Florença e não pretendia voltar ao Brasil. Depois do alegre bate-papo e de registrar a satisfação por nos conhecer, por razões óbvias, (certamente eles devem ter percebido o mesmo ar de contentamento nosso), prosseguimos nossa caminhada, resolvendo tomar um *"gelato"* (sorvete) de limão.

Enquanto Visi foi buscar o sorvete, porque eu não aguentava mais andar, fiquei sentada sobre a soleira de uma porta de loja que estava fechada. Estávamos na Via dei Pecori (Rua das Ovelhas). Talvez fosse o acaso, talvez não, mas estávamos na rua cujo nome me levou a fazer correlação com o meu signo que é Carneiro (Áries). Ali estava eu, sentada no chão, na rua das ovelhas. Estaria me conectando com a natureza? Sem querer explicar, o que eu queria mesmo era continuar ali, grudada pela "raiz."

Mas meu companheiro Visi não me dava sossego, puxou-me para cima, literalmente, arrancando-me do chão. Fomos andar mais um pouco até a hora de partirmos para o nosso ponto de encontro. Naqueles derradeiros instantes florentinos, ainda tínhamos o que admirar nos edifícios e praças. No dia seguinte, sairíamos cedo em direção a outra cidade italiana. Então, enquanto dispúnhamos de plena autonomia, restava aproveitar o caminho seguindo devagar, não por gosto, mas por cansaço. Nesse molejo, ainda conseguimos identificar no centro de Florença outros pontos de interesse:

A Praça de Belas Artes onde estão a **Academia de Belas Artes de Florença** (prestigiosa Escola de Artes), na via Ricasoli e a **Galleria dell' Accademia** (museu) com sete estátuas, obras de Michelangelo, dentre as quais seis não foram concluídas.

Passamos ainda pela **Piazza San Marco**, onde fica o Museu Nacional de San Marco, que ocupa o lugar de um antigo mosteiro do século XV e é considerado o cenário adequado para abrigar os quadros de Fra Angelico. Na mesma praça está a Basílica de San Marco, onde supostamente teriam sido encontrados os restos mortais do evangelista Marcos, que foram roubados e levados para a Basílica de San Marco, em Veneza. No centro da Praça, há um monumento ao General Manfredo Fanti, um soldado que batalhou pela independência e unificação da Itália. A praça ainda hospeda a Universidade degli Studi, instituição de ensino superior de Florença que abriga várias faculdades.

Pertinho dali, olhando para nós estava a **Piazza della Santíssima Annunziata**, pouco frequentada, provavelmente por não constar dos roteiros de excursão. Além dos lindos prédios que ocupam os quatro lados da praça, há uma igreja homônima, a estátua equestre de Ferdinando I e as fontes representando os monstros marinhos. Para descansar, estão disponíveis os degraus do Ospedale degli Innocenti, o primeiro orfanato construído na Europa.

Como nós não queríamos perder o "bonde", seguimos para o nosso ponto de encontro na "Porta do Paraíso".

****

Manhã florentina, às 8 horas e 30 minutos e os viajantes já abastecidos com o café da manhã (*colazione*) deixaram Florença com destino a Roma. Saímos da região da Toscana, no centro da Itália, para entrarmos na região da Úmbria, também no centro do país, chegando no fim da tarde ao Lazio (Lácio).

Região da Úmbria

A Úmbria é conhecida como o "coração verde da Itália". Geograficamente fica no centro da "bota" e vizinha de três regiões: Toscana, Lácio e Marche. Famosa pelas cidades medievais situadas nas montanhas, pelas florestas abundantes, pelos vinhos e pela culinária. Sua capital é Perúgia. A Úmbria é uma região que possui menos reputação do que a

Toscana, mas não é menos importante para os visitantes que buscam a singularidade nas viagens.

A vegetação característica desta região é formada por ciprestes e olivos. Os olivos têm uma cor verde prateado e representam uma das produções agrícolas mais importantes da Úmbria. Os olivos produzem o azeite de oliva. O guia ressalta que a Itália não é o maior produtor de azeite de oliva. O maior produtor é a Espanha. A Itália compra o azeite da Espanha, acrescenta um pequeno percentual do seu produto e vende.

Os ciprestes são plantados para separar caminhos, assim como ocorre nos cemitérios. Seria talvez uma representação que indicaria o "caminho para o céu". Os ciprestes crescem não só para cima, mas também para baixo, o que garante que as sepulturas não se levantem, pois, as raízes das plantas fixam o terreno onde as sepulturas estão instaladas.

Após percorrermos aproximadamente 150 quilômetros, passamos por **Gubbio**, cidade-fortaleza da região da Úmbria, com ladeiras íngremes e calçamento de pedras. Gubbio serve a quem busca o sossego em uma cidade pequena com arquitetura medieval intacta. Possui, como Florença, uma Piazza della Signoria e, como Veneza, tem um Palazzo Ducale.

Seguindo uma rota tranquila, pelas rodovias A1/E35, com o trânsito fluindo bem, chegamos a **Perúgia**. Situada no alto de uma colina, a cidade tem uma altitude de 493 metros (a mais alta da região) e é mais secular do que Assis. Foi refúgio de papas no século IX, com o consentimento de Carlos Magno. Lá foram realizados conclaves para eleger os papas Honório II (1124), Honório IV (1285), Celestino V (1294) e Clemente V (1305). No entanto a cidade manteve, por séculos, uma vida independente, sem ser subserviente ao papado.

Um de seus baluartes medievais é o Arco Etrusco, conhecido como Arco de Augusto ou Portão de Augusto, sendo um dos oito portões da parede etrusca da cidade. Porém, esse portão juntamente com a Porta Marzia são os únicos portões sobreviventes em Perúgia. A cidade abriga também o Palazzo dei Priori (sede da prefeitura), a Fontana Maggiori, a Galleria Nazionale dell'Úmbria, além da Catedral gótica. A Perugina, uma das maiores fábricas de chocolate do mundo, que tem um Museu denominado Casa del Cioccolato, também está sediada em Perúgia.

Depois desse papo umbriano, chegamos à franciscana Assis, debaixo de muita chuva. Tivemos que comprar capa de plástico para poder andar até a igreja de São Francisco, nosso principal objetivo nessa cidade.

Assis

Assim com Perúgia, a cidade franciscana está situada sobre uma colina. A comuna concentra grande número de peregrinos, perdendo apenas para Roma, a número 1 em peregrinação em todo o território italiano. É a cidade natal de São Francisco, cujo nome de batismo era Giovanni. Ele era filho de família rica, não gostava de trabalhar e era mulherengo.

Antes de se tornar religioso, Giovanni viveu uma vida desregrada: mimado, com modos rudes, esteve inclusive preso numa cadeia, na Perúgia. Depois da prisão e de uma grave doença, ele se transformou. Dizem que ele estava na capela San Damiano, quando o crucifixo se moveu e ele ouviu as seguintes palavras: "quero que restaure a minha igreja". A partir de então, Giovanni passou a cuidar de doentes e saiu em peregrinação pela Espanha, Marrocos, Egito e Palestina. Fundou a Ordem Franciscana e morreu em 1226, sendo canonizado dois anos depois.

Durante nossa passagem pela cidade visitamos:

A **Basílica de São Francisco** que é formada por duas igrejas, uma sobre a outra, construídas sobre o túmulo do santo e é considerada Patrimônio da Humanidade desde o ano 2000.

A parte inferior da Basílica, que representa a penitência foi iniciada em 1228, dois anos após a morte de Francisco. Consiste em uma nave central com diversas capelas laterais com arcos semicirculares. Os afrescos foram pintados no século XIV. A primeira capela à esquerda — capela de São Martinho - foi ornamentada por Simone Martini, com afrescos que incluem um Jesus que aparece no sonho de São Martinho. Na capela de Maria Madalena encontram-se afrescos da vida de Jesus retratando os votos de pobreza, castidade e obediência de São Francisco. Tais afrescos são atribuídos a Giotto ou a seus discípulos. Descendo a escada, chega-se à cripta e túmulo de São Francisco.

Na parte superior da Basílica encontram-se obras de Cimabue, que se tornaram negras por causa do alvaiade oxidado nas tintas. 32 afrescos mostram cenas do Antigo e do Novo Testamento, resultado do trabalho de diferentes artistas seguidores de Cimabue. Vários afrescos foram destruídos durante o terremoto de 1997. Há afirmações de que a parte que desabou foi justamente a que tinha sido restaurada no século XX. A ornamentação dessa parte da Basílica, que representa a glória, é bem diferente da ornamentação da parte inferior. Há grandes janelas de vidro colorido que iluminam as obras dos artistas. Na área superior da Basílica, além da igreja há o museu, a livraria e a comercialização de objetos religiosos.

A Basílica de São Francisco foi inaugurada há mais de 700 anos. A restauração da parte danificada no terremoto foi muito trabalhosa, feita como um quebra-cabeça, mas felizmente a parte pintada por Giotto não foi destruída. A Basílica por dentro é muito escura, lembrando Notre Dame de Paris, porém, ao contrário da parisiense, a franciscana reflete a simplicidade característica das igrejas dessa ordem.

Fomos apresentados a outros templos religiosos em Assis: a **Basílica de Santa Chiara**, que abriga os restos mortais da santa, está situada na praça homônima e de onde se tem uma vista da cidade. E a **Catedral de San Rufino**, na praça com o mesmo nome, é considerada a segunda mais importante depois da Basílica de São Francisco.

Assis tem praças muito bonitas e cheias de turistas que se amontoam em torno dos pontos turísticos mais famosos, um deles é a **Piazza Del Comune**, uma praça no centro da cidade, com palácios medievais bem conservados: o Palazzo dei Priori, a Torre del Popolo, o Palazzo del Capitano, Igreja de Santa Maria sobre Minerva (Templo de Minerva) e o antigo Fórum Romano, que fica a 3 metros abaixo do pavimento medieval e pode ser visitado. Além de lojas, vários restaurantes, sorveterias e cafés preenchem essa área central de Assis.

Os **Caminhos de São Francisco** são um percurso por cidades onde Francisco viveu e fez pregações, seguindo por importantes centros do norte da Úmbria. Cada rota recebe um nome diferente, conforme o caminho que faz. É uma peregrinação espiritual, passando por locais de prestígio religioso, cultural e histórico.

Próximo à cidade, a 3 quilômetros ao sul de Assis, encontra-se o **Mosteiro San Damiano**, onde São Francisco (Giovanni) ouviu a palavra divina.

Saindo de Assis, depois de toda chuva e frio úmido, seguimos em direção a Roma - a Cidade Eterna. Roma fica no centro da Itália, próxima à antiga província do Lácio.

Região do Lácio

Essa região está localizada na costa do Mar Tirreno e sua principal cidade é Roma, capital da

Itália e centro do Antigo Império Romano. O centro da Itália é considerado o berço da civilização latina. No litoral dessa região está o antigo porto de Ostia que ainda mantém um teatro. Já no interior, ficam as florestas dos Montes Apeninos com seus lagos e reservas naturais, além de aldeias estabelecidas na rocha.

Roma

O guia iniciou sua "aula" sobre a cidade onde acabávamos de chegar. A cidade de Roma está situada entre sete colinas e ao longo das margens sinuosas do Rio Tevere (Tibre). Como aconteceu em Florença, em Roma também era necessário ter um passe, uma espécie de licença, para poder circular de ônibus.

Dizem que Roma possui várias personalidades: Roma das Ruínas Imperiais; Roma Católica, do Vaticano e das diversas igrejas; Roma da Renascença, de Michelangelo e Rafael; Roma Barroca, de Bernini e Borromini; Roma Moderna, dos cafés, das butiques e dos engarrafamentos. Nossa intenção era conhecer parte desses elementos da cidade que, seguramente, não permite ser desvendada de uma única vez.

Roma foi fundada em 21 de abril do ano 753 a. C. Ela sempre pertenceu aos reis e aos imperadores. Apesar de ter enfrentado terremotos, invasão de bárbaros e outras batalhas, a Cidade Eterna sempre foi reconstruída, tornando-se mais bela do que antes. No entanto, no seu subsolo, ainda se encontram restos da cidade imperial. Basta fazer escavações, coisa que os romanos não gostam de realizar para não correr o risco de destruir os tesouros enterrados. Por causa disso, até 2001, a cidade só havia construído duas linhas de metrô. Atualmente tem três linhas, que se interligam na Stazione Termini.

Chegamos ao hotel Cônsul, onde ficamos hospedados por três dias. Depois de um tempo tentando subir de elevador, que estava com a porta quebrada, acabamos indo pela escada e, finalmente, chegamos ao nosso recanto apertado. O espaço era tão pequeno que, para acomodar as coisas, foi preciso usar a criatividade, colocando uma mala sobre a outra, já que o armário também era minúsculo. Um espaço romano inesquecível.

Mas, apesar de tudo, ainda sobrava bom humor para acolher o inevitável e sair zanzando pela cidade com o sorriso de canto a canto da boca. Havíamos aportado na Cidade Eterna, em um hotel antigo e isso era motivo de orgulho e não de desespero.

Tivemos de ser rápidos nos preparativos para o nosso primeiro tour pela magnífica "Roma Barroca", à noite, magnificamente iluminada, a fim de conhecer uma de suas personalidades. Como fizemos em Madri e em Paris, optamos por conhecer a cidade não só durante o dia, mas também à noite.

Saímos do hotel em ônibus, passando em outro hotel para coletar mais passageiros da mesma empresa de turismo que iriam se juntar a nós nesse tour. Para dar informações sobre a cidade, tivemos a companhia de guia local. No percurso entre os hotéis, o guia nos chamou a atenção para os nomes das ruas e praças que evocam a era papal: Via

Gregório VII; Piazza Pio XI; Via Leone IV; Via Pio VII, Via Urbano II, Via Giovanni X, Via Anastácio II, além de outros.

A nossa guia local era uma loira, de baixa estatura, que falava arregalando os olhos, com voz e gestos expressivos. Falava em espanhol e usava uma estratégia diferente dos guias anteriores para chamar a atenção para si. Em vez de guarda sol ou sombrinha, ela usava o cabo de uma sombrinha com um laço branco na ponta.

Nós a seguíamos com o olhar toda vez que ela apontava algo importante. Havia muita coisa para ser vista de dentro do ônibus. Eu escrevia sem olhar para o papel, anotando a scquência de alguns dos pontos avistados: Via della Medaglia d'Ora; Via Elio Donato; Via Duccio Galimberti e assim por diante. Parte do tour foi realizada a pé, já que em Roma existe um limite geográfico para o trânsito de veículos pesados.

Algumas vias me fizeram lembrar das praças de Madri, outras, de Paris, pela grandiosidade das construções e pela luminosidade dos monumentos que pareciam estar expostos em uma vitrine.

Passamos em frente à **Muralha Leonina**, em forma de "U", que separa o Vaticano de Roma. A muralha, com 13 metros de altura, tem 56 portas e foi mandada construir pelo papa Leone IV (847-855), logo depois do saque à Antiga Basílica de São Pedro, com o objetivo de separar a Cidade Leonina de Roma, circundando todo o Monte do Vaticano. A Muralha Leonina não estava coberta pela antiga Muralha Aureliana, construída entre 271 e 275.

Decididamente Roma não é para ser conhecida em apenas três dias, mas esse era o tempo que tínhamos disponível. Então, algumas coisas seriam vistas, outras tocadas e a maioria apenas mencionada, sem chegarmos perto. A "Roma barroca" que era nosso foco naquela noite nos levou até os seguintes pontos:

Castelo Sant'Angelo: construído em 139 d. C., o castelo serviu de mausoléu do imperador Adriano. O castelo foi utilizado como fortaleza por bárbaros, no século VI. A ligação do mesmo com o Vaticano, através de muros largos, serviu de refúgio para papas em época de perigo. Quando as tropas de Habsburgo saquearam Roma (1527), Clemente VII passou um mês no castelo. Giordano Bruno e Benvenuto Cellini alojaram-se nas masmorras do castelo, onde atualmente funciona um museu de arte, com móveis e armas da Renascença.

Ponte Sant'Angelo: adornada com dez anjos de Bernini, a ponte está situada sobre o rio Tibre e se estende até o castelo homônimo. Foi construída entre 133 e 199 pelo imperador Adriano. A **Via della Conciliazione** é uma rua que liga a Basílica de São Pedro ao Castelo de Sant'Ângelo. Foi construída entre 1936 e 1950, sendo a primeira forma de ligação direta com a Praça de São Pedro. Nessa via há construções religiosas, lojas e bancos.

Na sequência do nosso tour, avistamos palácios, mausoléus, templos e muralhas, além de muitas igrejas. o **Palácio Real** ou Palácio do Quirinal, situado na colina homônima, que teve no passado a função de palácio papal é, na atualidade, residência do Presidente da Itália.

No Campo de Marte, está o **Mausoléu do Imperador Augusto** que ocupa alguns quarteirões. A obra foi iniciada por Augusto depois de sua vitória na Batalha de Ácio em 31 a. C. e possui um formato circular, com vários anéis concêntricos de tijolos revestidos de mármore e jardim de ciprestes no topo.

Já o **Templo de Júlio César** ou Templo do Divino Júlio é uma estrutura antiga do Fórum Romano, localizado perto do Templo de Vesta. Foi construído na época de Otaviano (futuro imperador Augusto) que o dedicou a César que era seu pai adotivo. César, que morreu assinado, foi o primeiro habitante de Roma a receber um templo.

Vestígios da Roma Antiga podem ser vistos em construções como a **Muralha Aureliana,** uma obra que foi encomendada pelo imperador Aureliano para a defesa da cidade durante o Império Romano, mas que ele não chegou a vê-la pronta, porque faleceu antes. Os muros foram feitos em concreto e recobertos por tijolos com paredes de três metros e meio de espessura por oito metros de altura, sendo que mais tarde a altura das paredes foi dobrada para dezesseis metros. As muralhas foram derrubadas em 1870, mas boa parte permaneceu intacta, sendo considerada um ponto turístico importante e que abriga o Museu da Muralha com informações sobre sua história.

Como ficou evidente, os homens famosos que marcaram a história romana possuem monumentos em sua homenagem: Adriano, Augusto, Aureliano,

Júlio César e outros mais. Continuando nosso roteiro, percorremos outras praças, vilas e parques:

Um exemplo de grande parque romano é a **Villa Borghese,** o terceiro maior parque verde de Roma e considerado um dos mais bonitos da Europa. No seu interior há muitos edifícios, esculturas, parque e museus. Além de usufruir da paisagem verde dentro do parque, o turista pode andar de bicicleta, de barquinho ou trenzinho, pode conhecer obras importantes indo à Galleria Borghese, ao Museu Carlo Bilotti ou ao Museu Pietro Canonica. Há também um Teatro Shakesperiano, um teatro infantil de fantoches, a Casa de Cinema Marcello Mastroiani, um cinema infantil, jardim zoológico, brinquedoteca, biblioteca infantil, restaurante e vista panorâmica de Roma a partir da Terrazza del Pincio, cuja entrada é pela Piazza del Popolo.

A **Piazza del Popolo** tem formato curvo e é uma das praças mais famosas de Roma. No lado norte da praça fica a igreja de Santa Maria del Popolo, com a capela Chigi, de Rafael.

Em uma cidade com muralhas, supõe-se a existência de portas para dar acesso a seu interior. Um desses acessos é representado pela **Porta del Popolo**, um portão em arcada, ao lado da igreja de Santa Maria del Popolo, que indica a entrada da Roma antiga.

Sendo uma cidade católica, a presença dos templos religiosos em Roma é uma constante. São várias igrejas, de tamanhos e estilos distintos, todas emanando fluidos para acalmar os corações em polvorosa que vagueiam pelas vias romanas. E muitas dessas igrejas prestam devoção às mulheres santas.

Nesse grupo estão: a **Igreja Santa Maria dei Miracoli** que fica ao sul da Piazza del Popolo, em frente à ponte Regina Margherita e a **Igreja Santa Maria in Montesanto** situada próxima à Santa Maria dei Miracoli.

Para prestar louvor à Santíssima Trindade existe a **Igreja Santísima Trinità dei Monti**, situada na praça homônima, sendo uma igreja francesa do século XVI, toda branquinha, lembrando Sacré Coeur em Paris. Fácil de ser encontrada porque fica acima das Escadarias da Praça da Espanha.

Mas nem só de reza vivem os romanos. Eles, assim como seus visitantes adoram os encontros, os passeios pelas vias, a diversão e sabem aproveitar muito bem o clima proporcionado pela Cidade Eterna. E não faltam lugares para tudo isso.

Um desses redutos é a **Escadaria Espanhola** que, assim como a **Piazza di Spagna,** está situada no coração da área comercial de Roma, considerada a mais elegante da cidade. O local serve de ponto de encontro de músicos, namorados e vendedores de flores. Na primavera, essa escadaria é adornada com azaleias rosas.

Já a **Via Veneto** é símbolo da *"dolce vita"* e foi um importante ponto de encontro de pessoas famosas. Muitas pessoas (artistas principalmente) reuniam-se frequentemente no Café de Paris. Há muitos cafés, restaurantes e hotéis na Via Veneto para atender a pessoas de todos os gostos.

A variedade de atividades disponíveis em Roma permite manter as pessoas em ritmo constante, preenchendo todo o tempo de turistas que seguem a guia sem reclamarem. Foi nessa onda que fomos levados à **Piazza Barberine** onde se encontra o Palazzo Barberine e a Galeria Nacional de Arte Antiga. Essa praça liga-se à Via Veneto e fica próxima à Fonte de Trevi, à Piazza di Spagna e ao Palazzo del Quirinale.

Seguindo, encontramos a **Fonte de Moisés**, conhecida como Fontana dell'Acqua Felice (Fonte de Água Feliz) que está localizada na Piazza di S. Bernardo e foi a primeira fonte monumental construída em Roma. No arco central a fonte tem uma enorme estátua de Moisés.

Continuamos o nosso trajeto para conhecer outras praças e palácios, chegando à **Piazza della Repubblica** que fica em frente às Termas de Diocleciano. É nessa praça que começa a Via Nazionale, uma das mais importantes avenidas da cidade. No meio da praça existe à Fontana delle Naiadi (Fonte das Náiades. Náiade significa ninfa, cada uma das filhas de Júpiter, na mitologia grega: Náiade dos Lagos; Náiade dos Rios; Náiade das Águas Subterrâneas; Náiade do Oceanos).

Deixando de lado as "ninfas", voltamos a nossa atenção para o **Palazzo delle Esposizioni**, uma linda construção do século XV, localizada na Via Nazionale, no Monte de Roma, ao lado da Basílica de San Vitale. Funciona como centro cultural e museu. Ao lado dele encontra-se o túnel Umberto I que passa embaixo do Palazzo Quirinale.

Chegamos à **Piazza Venezia**, onde observamos muito engarrafamento em torno do local onde há um monumento a Vittorio Emanuel (1º rei da Itália unificada). Nessa praça existe uma fonte - **Fontana Venezia** - com estátuas que simbolizam a vitória do homem sobre a natureza. Essa praça representa um dos lugares turísticos mais importantes de Roma. É onde acontecia a vida pública da Roma Imperial.

A rua que liga a Piazza Venezia ao Coliseu chama-se **Rua dos Fóruns Imperiais**[3], onde estão os Fóruns Imperiais, em uma posição privilegiada, entre o Coliseu, o Fórum Romano e a Piazza Venezia.

Passamos em frente ao Banco da Itália e atravessamos, a pé, a **Via Nazionale**, que representa o centro geográfico da antiga Roma. Naquela noite fria e com ameaça de chuva, foi preciso usar as energias guardadas para acompanhar o ritmo da guia que andava muito rápido. E eu que anotava quase tudo, passei a anotar uma ou outra referência aos pontos turísticos.

Como se não bastassem as imagens já vistas, surge à nossa frente o **Palazzo Venezia**, um elegante edifício do início da Renascença. Atualmente

---

[3] Os Fóruns Imperiais constituem uma série de praças que foram edificadas entre 46 a. C. e 113 d. C., no centro de Roma, por ordem de Júlio César e seus imperadores. Funcionavam como o centro do comércio, político e religioso da Roma Antiga, onde as pessoas se reuniam para assistir a comícios e aplaudir seus líderes. O "Fórum" correspondia ao "Ágora" dos gregos.

funciona no local um museu que abriga armas, móveis, esculturas medievais e renascentistas. Mussolini tinha escritório aí. Ele falava aos partidários da sacada do palácio.

Porém, as atrações romanas não moram apenas de frente para a rua principal. Algumas estão escondidas. Atrás da Piazza Venezia, há uma escada que leva à **Igreja Santa Maria in Aracoeli**. Outra escada vai até à **Piazza del Campidoglio**, onde há uma cópia da estátua equestre de Marco Aurélio. A original é mantida em um museu. No fundo da Praça do Campidoglio está o **Palazzo Senatorio**, sede da prefeitura.

Nas imediações da Piazza Venezia, encontra-se a **Igreja de Gesú** que foi a primeira igreja jesuíta construída em Roma. Serviu de quartel general romano, no século XVI. A fachada é sóbria e o seu interior ornamentado em bronze, ouro, mármore e pedras preciosas. Abriga o altar de Santo Ignácio de Loyola.

Foi na **Praça do Fórum Romano** onde Roma nasceu. O estado em que se encontra essa área da cidade é resultado de inundações, terremotos e saques de bárbaros. Nesse local ainda existe a plataforma, chamada Rostra[4], de onde Marco Antonio avisou ao povo sobre o assassinato de César. O Fórum romano é formado de colunas, arcadas e pórticos.

Na nossa caminhada noturna desvendamos

---

[4] Rostra se refere a uma espécie de pódio, pedestal.

outros templos e arcos, todos em homenagem a algum "ser", mitológico ou da vida real. O **Templo de Saturno** faz parte da Roma clássica, assim como o Fórum Romano. Esse templo servia como tesouro do estado e centro da "devassidão de dezembro", conhecida como Saturnália, uma festa pagã, precursora do Natal.

O **Templo de Vesta** era dedicado ao culto da deusa Vesta, pelas sacerdotisas vestais. Nesse local a chama sagrada era velada por seis vestais que tinham de cumprir o voto de castidade de 30 anos, sob pena de serem enterradas vivas. Em 394, o imperador Teodósio encerrou as atividades das vestais, ficando o templo sujeito a depredações.

O **Arco de Tito** está situado no final da Via Sacra e celebra as vitórias militares do imperador Domiciano, inclusive o saque de Jerusalém, depois da primeira guerra romano-judaica. A construção do arco foi realizada logo após a morte de Tito.

Já o **Arco de Constantino,** perto do Coliseu, celebra a conversão do imperador Constantino ao cristianismo. Na sua construção foram usados fragmentos de monumentos de antigos soberanos (Trajano, Adriano e Marco Aurélio).

O **Mercado de Trajano**, construído entre os anos 100 e 110, foi criado por ordem de Trajano, sendo o primeiro centro comercial coberto da história. Supõe-se que esse mercado nunca tenha funcionado como lojas de venda de produtos, mas apenas como salas comerciais onde trabalhavam os funcionários da administração do fórum. As ruínas do Mercado de Trajano estão situadas na Via dei Fori Imperiali (Foruns Imperiais), na ligação entre a Piazza Venezia e o prédio do II Vitoriano. A **Coluna de Trajano**, com 30 metros de altura, fica no início dessa Via e é considerada o monumento mais importante dessas ruínas.

O **Coliseu** é o símbolo do Império Romano e da eternidade de Roma, tendo funcionado como anfiteatro nos combates entre gladiadores e nas lutas entre guerreiros e animais selvagens. O imperador Tito o batizou de Anfiteatro Flaviano para homenagear seu pai. O nome Coliseu é atribuído ao fato de ter sido construído sobre o lago da casa de Nero que tinha uma estátua do mesmo chamada Colosso.

Na construção do Coliseu foram usados: pedra, mármore e ladrilhos, mas com o tempo, ele foi despojado de seus revestimentos que foram retirados para uso em construção de igrejas e palácios. Segundo uma profecia anglo-saxônica "enquanto o Coliseu permanecer de pé, Roma resistirá; quando o Coliseu cair, Roma cairá; e quando Roma cair, o mundo cairá".

O Coliseu estava sendo reformado quando estivemos lá em 2001, prevendo-se que após a reforma seria possível visitar 85% do seu espaço. Como outras construções de Roma, o Coliseu tinha a cor da maioria dos edifícios - era de mármore ou pedra calcárea de cor clara.

Prosseguimos nossa insana caminhada, desvendando outros pontos de Roma:

A **Igreja Santa Maria Maggiore** é a maior igreja dedicada à Virgem Maria em Roma. Foi construída no século IV, na colina onde havia um templo romano a Juno (colina do Esquilino). É visitada pelos peregrinos, principalmente durante o Natal. O teto contém o primeiro ouro vindo das Américas.

A **Fontana di Trevi** (*tre vie,* três vias) está situada na confluência de três ruas. É uma bela fonte, grande em relação ao tamanho da praça onde se situa. Constituída de um arco triunfal e fachada de um palácio (antigo Palazzo Poli). O cavalo empinado representa o mar revolto e o cavalo calmo simboliza a serenidade. No filme A doce vida (Fellini) a atriz Anita Ekberg mergulha nas águas dessa fonte. Bem iluminada, a fonte serve de cenário para fotos lindas! As pessoas jogam moedas dentro da fonte e fazem pedidos. As moedas devem ser jogadas por cima dos ombros.

No **Campo di Marzio** (Campo de Marte) há 11 colunas recobertas com mármores formando uma parede do templo que foi dedicado ao imperador Adriano. Existe há mais de 1.800 anos. Nossa guia ressaltou que os romanos construíram os templos acima de uma base, nunca ao nível da rua.

Na Piazza della Rotonda está o **Pantheon,** termo que significa: a todos os deuses (Pan-Teo) e é considerado o monumento mais bem conservado da Roma antiga. O Pantheon possui mais de 43 metros de diâmetro interno (maior que a Basílica de São Pedro). Compõe-se de 26 colunas de granito e sua cúpula tem 9 metros de diâmetro. Abriga as tumbas de algumas divindades da Renascença: Rafael, o arquiteto Baldassare Peruzzi e os reis Vittorio Emanuel II e Umberto I.

Chegamos à **Piazza di San Luigi dei Francesi**, onde fica a Embaixada da Argentina e a **Igreja de San Luigi dei Francesi** (São Luís dos Franceses), com uma obra de Caravaggio: São Mateus. A igreja é dedicada à Virgem Maria, a San Denis e a São Luís.

O lindo prédio do **Palazzo Madama** é sede do Senado da República italiana. Está situado na Piazza Madama e foi propriedade da família florentina Medici em 1505 e centro de divulgação da cultura humanista. O nome do palácio está ligado a Margarida de Parma, viúva de Alessandro de Medici que se casou com Ottavio Farnese, vivendo muito tempo nesse palácio. Ali perto fica a Piazza Navona, considerada área nobre da cidade.

A **Piazza Navona** foi aberta em 90 d. C. pelo imperador Domiciano, como estádio de esportes. A ornamentação barroca é do século XVII. Quando estivemos lá, a praça era reservada aos pedestres. No centro está a fonte que celebra 4 rios: Rio Prata (América do Sul), Rio Danúbio (Europa), Rio Ganges (Ásia) e Rio Nilo (África). Tiramos fotografia em frente à *Fontana dei Fiume* (Fonte dos Rios) e em frente à Embaixada Brasileira. Nessa praça, tomamos um café expresso numa lanchonete e perambulamos até o momento de regressarmos para o hotel.

Na Piazza Navona, está situado o **Palazzo Pamphili** que abriga a Embaixada Brasileira. O palácio tinha sido reformado havia pouco tempo, com a cor original do século XVII, que é o branco azulado. Foi construído pelo papa Inocêncio X, no estilo da arquitetura barroca italiana.

Era perto da meia-noite e naquele instante nos dirigimos ao hotel. Estávamos cansados de andar pelas praças e ruas barrocas de Roma. No dia seguinte continuaríamos em Roma, para conhecê-la à luz do dia, indo também ao Vaticano para participar da benção papal.

****

Uma nova manhã, uma nova jornada. Acordei com a sensação de febre, inapetência, cansada fisicamente, espirrando de vez em quando. Ao tentar fazer um gargarejo, acabei vomitando. Apesar de tudo, ainda sobrava disposição interior. Mas, o tempo estava nublado e eu não podia vacilar. Era preciso levar agasalho e sombrinha.

Ao sair do hotel, encontramos na calçada um "camelô italiano", um senhor de idade, vendendo pingentes, terços, postais e outras bugigangas. Aproveitamos para comprar alguns pingentes e levá-los para a bênção papal. Compramos também uma série de postais de Roma, tudo por um preço ótimo!

Dentro do ônibus e acomodados, era hora de apurar os ouvidos e o olhar e separar os mapas de Roma e do Vaticano. Os mapas são excelentes indicadores geográficos e nessa viagem nós aprendemos a lidar bem com eles. Minhas anotações seguiram o procedimento de antes, ou seja, assinalar o nome do objeto visto, sem acrescentar nada mais.

Nossa rota visava chegar ao Vaticano onde

participaríamos da bênção papal. O guia começou a "aula" apresentando mais uma nota sobre a cidade romana: no século I, anos 40, os apóstolos Pedro e Paulo chegaram a Roma e divulgaram a religião cristã. Nos anos 60 do mesmo século, eles foram decapitados. Enquanto ele falava, nós cruzávamos o bairro Aurélio e seguíamos nosso rumo atravessando outros bairros, praças, avenidas, avistando os mais diferentes monumentos e palácios, ampliando o nosso conhecimento da Cidade Eterna.

Um dos primeiros pontos foi o **Bairro Trastevere**, cujo nome significa: "no outro lado do rio" e está situado ao sul do Vaticano, sendo considerado um dos bairros mais populares de Roma. Trastevere era o bairro onde ficavam os antigos mercantes que queriam vender Roma (quem passasse pelas pontes, tinha que pagar).

Nesse bairro fica a **Igreja Santa Maria in Trastevere**, considerada a igreja mais antiga de Roma (século III). A estrutura atual da igreja foi obra do papa Inocêncio II. Nele também está o **Monte Trastevere**, conhecido como Monte da Paz, ficando aberto em tempos de paz e fechado em tempos de guerra.

Ainda no Trastevere, avistamos o Palazzo degli Anguillara, que abriga a **Casa di Dante**, promovendo o estudo da obra do poeta italiano Dante Aleghiere, autor de A Divina Comédia e considerado o pai da língua italiana. O palácio está localizado em um quarteirão delimitado por duas praças e duas ruas.

Trafegamos pela **Piazza Trilussa** próximo à Ponte Sisto e à Via Garibaldi. Atravessamos a Via Gianicolense, onde observamos árvores numeradas. Admiramos mais uma vez o rio Tevere e seguimos por San Pietro in Montorio, chegando à **Piazza Giuseppe Garibaldi,** que fica na Colina Gianicolo e de onde se tem uma vista panorâmica de Roma e do Vaticano. A sugestão é ir a essa praça no final de uma tarde de verão para aproveitar o somatório de várias belezas num só lugar. Lá existe uma gigante estátua equestre de Giuseppe Garibaldi, um dos líderes da Revolução Farroupilha.

Admiramos a **Ilha Tiberiana**, uma ilha com o formato de barca que se formou no rio Tibre. Em relação a essa ilha existe a lenda de que o corpo de Tarquínio foi jogado no rio depois de sua derrota. Os detritos que se formaram sobre o corpo originaram a formação da ilha. Sua suposta origem fez com que os romanos a evitassem, só a utilizando como local para onde eram enviados os criminosos mais perigosos. Na ilha está instalado o hospital Fate Bene Fratelli e, também, o Templo de Esculápio, o deus grego da medicina. A ilha fica entre as Pontes Garibaldi e Palatino.

Avistamos a **Ponte Testaccio**, de pedra, em forma de arco, sobre o rio Tibre, ligando Trastevere e Testaccio, duas áreas populares de Roma. Saindo da Porta Protese a ponte leva ao que foi no passado o matadouro de animais. Uma área sombria, não se aconselhando andar sozinho por ali.

O **Monte Aventino**, situado ao sul, é uma das sete colinas sobre as quais Roma foi fundada, constituindo uma área residencial com muito verde, perto do Coliseu e do Circo Máximo – cenário do filme A Grande Beleza. O Monte tem formato similar a um trapézio com encostas íngremes e se estende até o rio Tibre, oferecendo como pontos atrativos: a **Igreja de Santa Sabina**, o **Jardim das Laranjas** (Giardino degli Aranci) e a vista para a Basílica de São Pedro.

Próximo dali, ficam as **Termas de Caracala** (Terme di Caracalla), construídas no século III para 1600 pessoas se banharem com requinte. As paredes das termas foram construídas com tijolos cobertos com mármore colorido. Parte desse material foi retirado para a Piazza Farnese, para a fonte que se encontra no meio dessa praça, composta de uma banheira. As Termas já foram palco de apresentações de Pavarotti, Caruso e Plácido Domingos.

Na Via del Teatro di Marcello, perto do gueto judeu, passamos em frente ao **Teatro Marcello**, construído pelo imperador Augusto em homenagem a seu sobrinho Marcelo, seu único possível herdeiro, morto prematuramente. Essa construção é mais antiga do que o Coliseu e o Castelo de Sant'Ângelo. O Teatro Marcello é considerado um mini coliseu e antigamente funcionava como teatro romano a céu aberto com a finalidade de sediar eventos de música e teatro.

Depois de passarmos pelo **Largo delle Vittime del Terrorismo**, chegamos à **Via Ápia Antiga**, que fica ao sul das Termas de Caracala. Nessa via, há ruínas de sepulcros de 20 gerações de famílias patrícias e as **Catacumbas de São Calixto** (cemitério cristão subterrâneo, onde foram sepultados os papas do século III).

Trafegando pela **Via dei Laterani**, identificamos o Complexo Laterano, do qual fazem parte: o Palazzo Laterano (Palácio de Latrão), um palácio antigo, de propriedade da Santa Sé e cuja história remonta ao Império Romano; a Basílica de San Giovanni in Laterano, sede do Bispo de Roma; a Piazza San Giovanni in Laterano; a Università Lateranense, uma instituição católica; Via San Giovanni in Laterano.

A parte mais antiga do **Ospedale San Giovanni,** um dos grandes complexos hospitalares da Itália central, ocupa um terreno que incorpora três vias, além da Piazza San Giovanni in Laterano e da Piazza San Clemente. Já a parte mais moderna ocupa uma área que abrange três vias, além da Piazza San Giovanni in Laterano. Essa parte é conhecida como **Ospedale della Addolorata.**

Saindo do Complexo Laterano, entramos na **Via Emanuele Filiberto** e a seguir na **Piazza Vittorio Emanuel II**, chegando a **Piazza Brancaccio**, onde avistamos o Palazzo Nobre (da família Brancaccio). Esse foi o último palácio nobre construído na cidade. Tem um aspecto muito rústico. Nesse caminho, havia alguns edifícios e monumentos já vistos no tour do primeiro dia em Roma.

Foi o caso da linda Basílica de Santa Maria Maggiore que fica em uma esquina com a Via Gioberti e próximo à Piazza d'Esquilino. O **Monte Esquilino** é a mais alta e a mais extensa das sete colinas sobre as quais Roma foi fundada. Possui três cumes: Ópio, Fagutal e Císpio. É nesse último que fica a Basílica de Santa Maria Maggiore.

Bem perto dali fica o Fórum Romano, já descrito anteriormente, e a **Via Cavour**, uma rua que começa nas proximidades das Termas de Diocleciano, passando pela Basílica de Santa Maria e Igreja de San Pietro in Vincoli, terminando no Fórum Romano. Na **Igreja de San Pietro in Vincoli** estão guardadas as correntes que prenderam São Pedro. Há no seu interior uma escultura de Moisés, obra de Michelangelo.

Seguimos revendo o Fórum de Augusto e o Fórum de Trajano, à nossa direita e o Mercado de Trajano, à nossa esquerda. São ruínas que estão ao lado do **Museu Central do Ressurgimento**. Esse museu mostra o renascimento da Itália depois das guerras mundiais e funciona no prédio do II Vittoriano, na Piazza Venezia. Aí também está o túmulo do soldado desconhecido.

Deparamo-nos com um monumento da Antiguidade - a **Pirâmide Cestia**, construída em concreto e coberta com mármore branco, a pirâmide possui 29 metros na base e 37 metros de altura. No interior está a câmara funerária. Está localizada perto da Porta São Paulo e do Cemitério Protestante.

Passando pela **Viale Giotto** e Via dei Fiori Imperiali, chegamos à **Igreja São Gregório Magno**, em frente ao Palatino, a colina mais central de Roma. E mais adiante, ainda sobrou atenção para a **Basílica Santa Maria in Cosmedin**, um templo do século

VI, construído sobre os restos do templo de Hércules. Abriga no seu pórtico a **"Bocca da verdade"** (uma máscara de mármore famosa que, segundo a lenda, morde a mão de quem mente). No interior da Basílica é guardado o relicário com o crânio de São Valentim, o padroeiro dos enamorados. Não tivemos oportunidade de fazer uma visita ao local.

Beiramos a **Viale delle Mura Aurelie** e alcançamos o **Hospital Bambino Gesú**, um hospital universitário pediátrico com um programa humanitário através do qual atende pessoas em 16 países de 4 continentes.

Estávamos chegando ao Vaticano. Descemos em uma garagem, ponto de parada obrigatória dos ônibus de turismo e de outros veículos, uma vez que não é permitida a circulação de veículos em determinadas áreas do Vaticano. Descemos escadas rolantes até chegarmos à **Via della Conciliazione**. Estávamos acompanhados do guia permanente e de um guia local que levantava o braço para ser visto de longe.

Seguindo a Conciliazione, atingimos a **Piazza Pio XII**. Havia um movimento muito grande de pessoas se dirigindo à Piazza San Pietro. Antes de chegarmos à praça, recebemos o bilhete de ingresso para a audiência papal.

Vaticano

Situado na colina do mesmo nome, o Vaticano é o Estado italiano que serve de residência papal há mais de 600 anos. Estado independente da Itália desde 1929, pelo Tratado de Latão, possuindo moeda própria.

Nossa missão era participar da audiência papal, visitar a Basílica de São Pedro, o Museu do Vaticano e a Capela Sistina. Durante a bênção, o papa e os seus assessores oraram pelas pessoas presentes e ausentes, em diversos idiomas, inclusive em português. Ficamos sabendo que havia brasileiros do Rio de Janeiro participando da audiência e que estavam em caravana. Vimos o papa de longe e no telão ao nosso lado.

Havia muitos peregrinos, muitos curiosos, inclusive nós, todos sentados em cadeiras de plástico, colocadas bem juntas. O sol intenso durante a cerimônia obrigou-nos a colocar proteção sobre a cabeça. Algumas pessoas usavam sombrinha, outras usavam lenços, bonés e eu usei uma *écharpe*. Apesar do sol, fazia frio. Durante toda a cerimônia eu não larguei o agasalho - um cardigã de lã bege e marrom.

As pessoas levam para a bênção objetos variados. Levei os pingentes e terços que havia comprado. Apesar de ser uma audiência um pouco longa (em torno de uma hora e meia), as pessoas se comportam bem, ouvindo-se apenas sons originados por tosse ou cadeira sendo afastada para alguém passar.

Terminada a bênção, tiramos algumas fotos para marcar a nossa passagem pela Praça de São Pedro. Depois, dirigimo-nos para o mesmo ponto de encontro, na via della Conciliazione. De lá, seguimos para o Museu do Vaticano, a pé. Visitamos a Capela

Sistina e a Basílica, cuja descrição estão presentes nesta narrativa. Na Praça de São Pedro, as pessoas circulam sem tumulto. Havia gente de todas as idades e nacionalidades. A noiva que se encontrava no "altar", perto do papa, passou por nós. Algumas freiras também circulavam na praça. Encontramos alguns companheiros do nosso grupo e ficamos conversando enquanto aguardávamos o guia.

Um pouco da história dos objetos vistos:

A **Praça** de **São Pedro** é uma criação de Bernini, sua construção durou 11 anos. A praça possui 284 colunas de mármore travertino; 88 pilastras e 140 estátuas de santos.

A **Basílica de São Pedro** foi concebida por vários arquitetos e tem as seguintes dimensões: 212 metros de comprimento exterior; 187 metros de comprimento interior; 132,5 metros até a ponta do duomo que tem 42,45 m de diâmetro. No chão da entrada estão incrustadas as chaves de São Pedro. Perto da porta central há uma placa redonda de pórfiro vermelho onde Carlos Magno se ajoelhou para ser coroado imperador do Santo Império Romano. O maior tesouro da Basílica é a Pietá de Michelangelo (Maria com Jesus morto no colo). A Pietá está protegida por um vidro à prova de bala. A estátua de São Pedro é da autoria de Arnolfo di Cambio.

O **Palácio do Vaticano** contém oito museus, cinco galerias, Biblioteca Apostólica, Aposentos Borgia, Salas de Rafael e a Capela Sistina. É preciso se organizar antes de entrar para conhecer tudo isso.

Não é permitido entrar na Basílica ou no Museu do Vaticano de bermuda ou saia curta, assim como de blusa sem mangas. Duas colegas de nossa excursão foram obrigadas a arranjar, de última hora, uma vestimenta adequada para que fosse liberado seu acesso.

Os aposentos Borgia abrigam afrescos de Pinturicchio retratando o papa Alexandre VI e os filhos César e Lucrécia e também a coleção de arte religiosa de Paulo VI. Há obras de Rodin, cerâmicas de Picasso, desenhos de trajes eclesiásticos e um papa retratado por Francis Bacon.

Nas salas de Rafael (decoração feita por Rafael para o Papa Júlio II) há dois afrescos famosos: Disputa (discussão do SS. Sacramento) e Escola de Atenas. O primeiro une o papa Gregório e Tomás de Aquino (pilares históricos da fé) além do pintor Fra Angélico e Dante. O segundo contém as feições de Leonardo da Vinci.

O **Museu do Vaticano** é enorme, escandalosamente lindo, deixando-nos zonzos de tanto olhar para um lado, para o outro lado, para baixo, para cima, para todas as direções. É injusto dizer que tal afresco, tal obra é mais bela que outra, porque tudo é grandioso e magnificamente bonito.

Não é possível sair de Roma, entretanto, sem visitar a Capela Sistina. Finalizando a trajetória da visita ao Museu, desemboca-se na Capela. Depois de andar bastante, ler e seguir várias placas com setas indicando sua direção. Provavelmente aquele labirinto serve para aumentar a emoção dos visitantes.

A **Capela Sistina** foi construída por Sisto IV (século XV). O teto é obra de Michelangelo, assim como o Juízo Final. Nas paredes há afrescos de Botticelli, Pinturicchio, Ghirlandaio e Signorelli. Essa é a Capela particular do Papa. Ali, os cardeais se reúnem em conclaves para eleger um novo papa. O guia apontou para a janela de onde sai a fumaça branca indicando a escolha do papa. Quando isso acontece, a multidão acotovela-se lá fora, na Praça de São Pedro, aguardando o anúncio decisório. A Capela apresenta a história do homem em três partes: de Adão a Noé; a Entrega dos 10 mandamentos a Moisés e do Nascimento de Jesus ao Juízo Final. No teto, vê-se o famoso dedo estendido indicando a criação do homem. Vê-se também a embriaguez de Noé, a confusão do Dilúvio. No fundo da sala, há um banco onde as pessoas se sentam para apreciar o conjunto. O Juízo Final está na parede do altar da Capela, tendo sido iniciado 23 anos depois do teto. Michelangelo estava com 60 anos de idade quando fez essa belíssima obra.

A **Pinacoteca Vaticana** é composta de 15 salas, fazendo parte dos tesouros do Vaticano. Situada numa ala separada, a pinacoteca contém dez séculos de pintura. Possui obras de: Perugino, Fra Angélico, Rafael, Giotto, além da obra inacabada de Leonardo da Vinci (São Jerônimo), a Pietá, de Bellini e a Descida da Cruz, de Caravaggio.

Quando terminamos nossa visita ao Museu do Vaticano e à Capela Sistina, demos uma parada numa área aberta das dependências do Museu e aproveitamos para beber água da fonte do Vaticano. Todas as pessoas bebem água das fontes públicas na Europa. Desde a Espanha que observamos esse hábito e fomos incentivados a adotá-lo sem medo, pois a água é tratada.

Depois de conhecermos tantos tesouros, fomos espairecer, olhando o povo nas ruas. Em seguida, procuramos um local para almoçar e preenchemos o resto do tempo jogando conversa fora, junto a uma pilastra, alguns sentados no chão, na Via della Conciliazione. Já havíamos adquirido a experiência de nos deixarmos estar no chão, o que não é nada ruim quando se está cansado. Enquanto conversávamos, aproveitei a distração dos "três mosqueteiros" (Visi, Osmar e Lídio) e tirei uma foto deles. Aquele dia precisava ficar marcado nas nossas mentes e no papel. Aguardamos as determinações do guia para retornarmos ao hotel.

Precisávamos repousar. A batalha tinha sido dura naquela quarta-feira. Porém, sentíamo-nos aliviados pelo "dever" cumprido à risca. Poderíamos dizer que fomos a Roma e vimos o Papa. Embora permanecendo pouco tempo na cidade, fizemos o que nos foi permitido fazer, ver, visitar ou simplesmente avistar: o Museu do Vaticano, a Capela Sistina, o Pantheon, a Piazza Navona, a Fonte de Trevi, o Coliseu, as Termas de Caracala, o Fórum Romano, a Praça Vittorio Emanuel II, o Palácio Quirinale, a Via Cavour, a Via Nacional, o Mercado de Trajano, a Basílica de Santa Maria Maior, a Praça Veneza, a Praça da República, a Praça da Espanha, o Castelo Sant'Angelo, a Praça de São Pedro, e tantas outras praças, ruas, monumentos e palácios romanos. Restava aguardar o dia seguinte para continuar a nossa excursão.

****

Acordamos muito cedo, tomamos o café da manhã rapidamente e, às seis e meia, já estávamos dentro do ônibus para irmos a Nápoles e Capri. Já havíamos atravessado até então as regiões: Trentino-Alto Ádige, Vêneto, Emília Romagna, Úmbria, Toscana e Láscio. Estávamos seguindo para uma nova região.

Região da Campânia

A Campânia é uma das seis regiões do sudoeste da Itália, sendo um espaço geográfico repleto de construções históricas e montanhas que convivem de forma harmoniosa. É conhecida por suas famosas ruínas, pela Costa Amalfitana, pelo Monte Vesúvio, pelo mar azul de águas profundas e pelo litoral pitoresco. Nápoles é a capital da região e junto com Capri estão entre as cidades regionais italianas mais visitadas.

Antes de pegarmos a estrada, passamos no hotel Cascina para apanhar os colegas da outra excursão que iriam conosco. Era notório que ninguém havia dormido o suficiente: caras amarrotadas, cabelos desgrenhados, roupas desabotoadas. Todos já acomodados, era hora de voltar a dormir para concluir o sono ou, se ficasse acordado, aproveitar o caminho. Optei pela segunda opção. Estávamos acompanhados de dois guias, o permanente e um local.

Seguimos pela rodovia E45 e fomos informados de que passaríamos, nos primeiros 90 quilômetros por povoados cujas construções têm a forma de castelo. Ainda na região do Lácio passamos por **Palestrina**, a 43 quilômetros de Roma, depois por Frosinone, Ceccano, Ceprano e Cassino, sendo as três últimas cidades pertencentes à província de Frosinone. Parecia uma nova família de cidades, dessa vez, uma família italiana.

Em **Cassino**, durante a Segunda Guerra Mundial, ocorreu uma série de quatro batalhas, deixando em ruínas a cidade. A abadia de Monte Cassino, onde São Bento estabeleceu pela primeira vez o monasticismo no Ocidente, também foi destruída. Mais adiante, a comuna **Calvi Risorta** e, logo a seguir, **Caserta.** Essa última comuna possui um monumento famoso que é o Palácio Real, de dimensões gigantescas, com 1.200 cômodos. É chamado de Versalhes italiano e tem estilo neoclássico. Levou 20 anos para ser construído. Foi nesse palácio que foi tomada a decisão de unificação da Itália. Da rodovia, avistamos o Palácio Real, mas não o visitamos porque estava fora do nosso roteiro.

Já estávamos absortos com os ares do sul da Itália quando o guia anunciou nossa chegada a Nápoles.

Nápoles

Nápoles é a capital da província homônima e da

região da Campânia e foi fundada sobre colinas. Sua construção se deu a poucos metros da cidade de Partênope que passou a ser chamada de Paleópolis (cidade velha). Nápoles é a terceira cidade mais populosa da Itália, depois de Roma e Milão e possui o 2º porto mais importante do país.

É considerada uma cidade com vida agitada e com um tráfego muito louco, pois os motoristas dirigem em qualquer direção, sem observar com rigor os sinais de trânsito. Alguns visitantes criticam a cidade por acharem desorganizada e perigosa, enquanto outros preferem focar nos seus pontos positivos, ressaltando o encanto do lugar, a magia das águas azuis do mar e o calor humano dos napolitanos. Passamos pouco tempo por lá, mas o suficiente para admirar o que a cidade tem de positivo.

Na entrada da cidade trafegamos sobre um viaduto altíssimo, talvez o mais alto que eu já vira durante toda a minha vida. Passamos sobre um viaduto, mais outro, outro mais, diversos! A gente tinha a impressão de estar andando sobre grades suspensas com a cidade embaixo, como se o ônibus fosse decolar, de tão elevado que estava.

Do alto tínhamos duas vistas: a da cidade com suas encostas e vulcões e a dos prédios com roupas penduradas do lado de fora das janelas. Ainda era possível avistar, ao longe, o **Cabo de Sorrento** e a cidade do mesmo nome, à esquerda da ilha de Capri. Avistamos ainda a **Baía de Puozzoli**. Quando passávamos por cada colina, estávamos cruzando áreas de vulcões extintos.

Há também alguns túneis cortando a cidade. Eles, no entanto, não chamam tanto a atenção como os viadutos que atravessam Nápoles, distribuindo-se em alturas diferentes. É, sem dúvida, uma grande arte da engenharia, bonita de se ver, mas assustadora ao trafegar por eles.

Fizemos uma parada para fotos. Caprichamos no foco para captar não só a **Baía de Nápoles**, mas também o vulcão Vesúvio, bem longe! Em Nápoles há poucas praias que ficam ao norte da cidade, mas não são praias de areia branca e sim de areia negra, por causa dos vulcões.

Depois fomos conduzidos para um tour panorâmico, sem paradas, apenas para avistarmos museus, praças, castelos, palácios, bairros. Mesmo assim, registrei os pontos por onde passamos. Mas, diferente do procedimento adotado para o registro dos pontos turísticos em cidades anteriores, em Nápoles optei por fazer esse registro levando em conta a categoria do objeto visto e não a sequência das visitas. Em cada um, assinalei a característica mais marcante.

Os museus Archeologico Nazionale e o Capodimonte estão entre os mais importantes da Europa. O Museu **Archeologico Nazionale** foi quartel da cavalaria no século XVI. Há quadros e mosaicos enterrados há quase dois mil anos pelo Vesúvio. No mezanino estão os mosaicos de Pompéia e bronzes de Herculano. No Museu **Capodimonte**, situado num palácio no alto de uma colina, há quadros italianos e europeus, com obras de: Bellini, Mantegna, Michelangelo, Ticiano,

Caravaggio, El Greco, Brueghel, Cranach, Holbein, Dürer e Van Dick.

O **Castel Nuovo**, um castelo com estrutura renascentista do século XV, está situado no lado sul da Piazza Município. Na entrada do castelo tem o Arco do Triunfo, construído por ordem de Alfonso de Aragón para celebrar a conquista do Reino de Nápoles em 1443.

O **Palazzo Reale** é um dos quatro palácios que serviram de residência aos reis de Nápoles e da Sicília. Cada sala tem uma função específica: Sala Neoclássica (caracterizada pelo ambiente e obras que marcam o gosto neoclássico); Sala do Trono (lugar da autoridade); Sala dos Flamengos (com retratos holandeses do século XVII). Ao lado desse palácio encontra-se o **Teatro San Carlo**.

A **Piazza del Plebiscito** possui prédios históricos no seu entorno, incluindo o Palácio Real de Nápoles. Já a **Piazza Gesú Nuovo**, localizada no centro histórico, possui uma coluna no centro chamada Immacolata. Nessa praça encontram-se a igreja de Gesù Nuovo e a Basílica de Santa Chiara. Além dos edifícios religiosos, a praça tem muitos bares e restaurantes.

Quem deseja encontrar um local de compras perto desses pontos turísticos, pode se dirigir à **Galleria Umberto I,** um belo prédio de quatro andares, construído no século XIX, em aço e vidro, que abriga várias lojas comerciais e fica perto do Teatro San Carlo e do Palazzo Reale.

O **Bairro de Santa Lucia** é um dos mais

famosos da cidade que abriga hotéis e restaurantes elegantes e ainda oferece uma bela vista da Baía de Nápoles e do Vesúvio. Porém, quem busca a simplicidade pode se dar bem visitando a localidade onde está o **Castel dell'Ovo,** um antigo castelo que guarda muitas lendas. O castelo fica em uma pequena ilha a poucos metros da costa e o acesso é feito através de uma ponte. De lá se pode admirar Nápoles a partir do mar e ainda ter a vista, ao fundo, do Monte Vesúvio que domina o cenário.

Há também espaço para fazer uma prece em local reservado. Alguns templos napolitanos podem evocar esse chamado, entre eles, a **Basílica de San Lorenzo Maggiore**, localizada na Via dei Tribunali, abriga o túmulo de Catarina da Áustria. A **Basílica di Santa Restituta**, de origem cristã primitiva, é o mais antigo santuário cristão de Nápoles e já foi uma igreja independente, mas posteriormente foi anexada à Catedral. Suas colunas romanas sobreviveram ao terremoto de 1688. Por fim, a **Catedral de Nápoles,** onde é guardado o sangue de San Genaro. Ao lado da catedral existe o Museu das relíquias de San Genaro. Pelo que abrigam, podemos imaginar que, em todas elas, é possível fazer uma conexão entre o espaço (Nápoles) e o tempo e evocar a história e a tradição diante dos tesouros que contam sobre sua vida passada.

Para quem admira construções grandiosas, não pode faltar no roteiro uma visita, ainda que seja panorâmica como a nossa, ao **Monastério de San Martin**, inaugurado no século XIV, tendo sido ampliado e redecorado posteriormente. O complexo está situado na colina do Vômero e engloba uma igreja com nave principal e seis capelas laterais, um pátio gigantesco, o jardim das mulheres, o claustro, um refeitório, um presépio, um setor de barcos, outro de carroças, uma farmácia e um museu. O Monastério congrega vários componentes formando um complexo, chamado de Certosa de San Martin, um exemplo da arquitetura barroca napolitana.

A cidade de Nápoles é dividida em distrito superior e distrito inferior, por uma estrada romana perto da Via Toledo, que dá acesso ao centro histórico. Essa "divisão" é feita pela **Spaccanapoli** (quebra Nápoles) – uma rua estreita e reta, com vários palácios e igrejas, lojas e restaurantes, considerada uma das três vias principais da antiga Nápoles. Spaccanapoli é um conjunto de ruas que engloba várias ruelas, algumas abandonadas. Nessa área, além das roupas penduradas nas janelas, dizem que as fofocas voam de uma sacada para outra e é comum se utilizar cordas para suspender cestos com legumes, cartas e o que mais interessar.

As colinas de Nápoles também merecem atenção dos viajantes. **Vômero** é uma delas, onde mora parte da burguesia napolitana. Além de dar nome a um bairro com ruas arborizadas, Vômero possui ruas com nomes famosos como: Michelangelo, Giordano, Scarlatti e Cimarosa (artistas plásticos e músicos renascentistas e barrocos). Já **Posillipo** tem posição privilegiada e abriga jardins e vilas. O Palazzo di Donn'Anna, do século XVII, situado na Villa homônima, é um dos atrativos desse bairro burguês. O palácio foi construído para servir de teatro à beira-mar, mas se transformou em condomínio privado. A partir de Nápoles é possível ter-se uma vista magnífica da localidade.

Ao finalizar o tour, enquanto nos dirigíamos para pegar o barco para Capri, o guia nos apresentou uma informação sobre a culinária napolitana, dizendo que o verdadeiro espaguete nasceu em Nápoles e foi para lá que os espanhóis levaram o primeiro tomate. Lamentavelmente, não tivemos tempo de saborear o espaguete napolitano na própria Nápoles, pois o nosso almoço foi em Capri e o jantar em Roma.

Embarcamos com destino à ilha de Capri, navegando por 45 minutos, num barco que enfrentou ondas fortes, o que me deixou meio zonza e com enjoo. Os barcos que chegam a Capri saem de Nápoles, Sorrento e Positano. Quem preferir viajar de carro precisa obter a licença que normalmente não é concedida na alta temporada.

Capri

Capri é uma ilha calcárea do Mar Tirreno, situada entre a baía de Nápoles e a baía de Salerno, no lado sul do golfo de Nápoles. Possui uma vegetação sub tropical, terreno montanhoso e uma costa acidentada. É conhecida pelos hotéis e centros comerciais elegantes que atraem o olhar de muitos visitantes. Mas a cidade comercializa todo tipo de produto, dos sofisticados aos mais simples, talvez porque seu público é oriundo de diferentes camadas da sociedade.

O coração de Capri é a **Piazza Umberto I**, mais

conhecida como Piazzetta, sempre cheia de pessoas, rodeada de bares e restaurantes, além de muitas lojas. É o lugar ideal para sentar-se em volta da mesa de um estabelecimento gastronômico qualquer e apreciar os edifícios em volta. Nessa localidade está a **Igreja de Santo Stefano** e a **Catedral de Santa Maria da Assunção**.

A igreja e antiga catedral Santo Stefano é um singelo edifício barroco, construído em torno da Praça Umberto I, sobre os restos de um convento beneditino. O piso em mármore foi proveniente da Villa Jovis de Tibério. Já a catedral de Santa Maria tem fachada sóbria, possui três portas e três naves com 100 metros de comprimento e 48 de altura, havendo no seu interior diferentes estilos arquitetônicos. Dois elementos se destacam no interior dessa catedral: a capela do tesouro que guarda imagens de prata doadas por devotos e as cápsulas de sangue de San Genaro, que modificam do estado sólido ao líquido durante algumas celebrações. Não tivemos a oportunidade de adentrarmos nesses recintos religiosos.

Capri possui dois portos: a Marina Piccola e a Marina Grande. A porta de entrada na cidade é a **Marina Grande**, onde aguardamos o guia definir sobre o nosso destino. Depois de um tempo, fomos avisados que não poderíamos ir à Gruta Azul porque a maré estava muito alta. A **Gruta Azul** é uma caverna marinha, com 54 metros de comprimento, 14 de altura e 30 de largura. Mas a "porta" da gruta tem só um metro de altura, por isso, quando a maré sobe não é permitida a entrada. Para os que dão sorte de ingressar na gruta, esse acesso é feito individualmente, a pessoa deitada numa canoa enquanto passa pelo arco da gruta.

Lamentamos não ter conhecido a Gruta Azul, mas compreendemos que era preciso divertir-se com segurança. A atração foi substituída por um giro de barco que nos levou a ver de perto outras grutas da localidade. Nesse passeio observamos algumas residências suspensas sobre penhascos de mais de 300 metros e muitas casinhas coloridas enfeitando a charmosa ilha.

Durante a navegação continuei enjoada por causa do balanço sobre as ondas, mas me esforcei para curtir a beleza local, com um mar azulíssimo e muitas grutas interessantes. O marinheiro aproximava o barco o máximo possível para que pudéssemos ver bem de perto. No meio do mar, há três picos rochosos, os **Faraglioni**, chamados de "guardiães da ilha" e cada um deles tem seu próprio nome. Quem não faz esse passeio de barco pode admirá-los a partir dos **Jardins de Augusto**. O maior dos Faraglioni tem 109 metros (Saetta), o segundo é Stella e tem uma cavidade de 60 metros de comprimento e o terceiro é Scopolo.

De volta à terra firme, pegamos um micro ônibus para ir até Anacapri, lá no alto da montanha. Seguimos pela **Via Krupp**, uma estradinha que mais parece uma trilha, em formato de ziguezague, que exige muita coragem para participar da aventura. Quem inventou esse caminho foi um empresário do aço, o alemão Friedrich Alfred Krupp, que pretendia facilitar seu acesso do hotel até a baía da Marina

Grande. Minha suposição acerca desse capricho é de que o alemão gostava de viver perigosamente.

O acesso à cidadezinha montanhosa foi acompanhado de fortes emoções: o ônibus estava lotado, o motorista dirigia loucamente de acordo com meu julgamento, junto a um paredão à esquerda e um despenhadeiro à direita. Lá embaixo, o inocente mar azul. Mas o medo que tomou conta de todos nós, durante a subida, nos impediu de usufruir da bela paisagem. Conseguimos chegar inteiros lá no alto, mas já preocupados com o retorno.

Anacapri

Cidadezinha que domina metade da Ilha de Capri. Possui vilas com casas pintadas de branco e ruas estreitas e floridas. Há um centro histórico com ruas exclusivas para pedestres, como a **Via Giuseppe Orlandi**, podendo-se caminhar até a **Igreja de San Michele**, olhando as construções com jardins bem cuidados. Algumas ruas são tão estreitas que é preciso redobrar os cuidados ao atravessar, pois não há passeio para o pedestre.

Assim como em Capri, em Anacapri o comércio vende produtos artesanais e locais, além de roupas mais elaboradas, feitas de linho. Há restaurantes e cafés charmosos no local, mas o nosso almoço, promoção da empresa de turismo, não foi legal. Foram oferecidas duas opções: peixe acompanhado de arroz ou carne acompanhada de uma massa. De sobremesa, sorvete. Não havia capricho na elaboração e nem na apresentação dos pratos. De positivo, nós tínhamos a companhia dos casais de

Santa Catarina e a vista ampla de Capri.

Depois do almoço visitamos uma loja de departamentos, onde Visi comprou uma gravata para dar de presente. Aproveitamos para conhecer o local, a pé. Lá em cima fazia um friozinho, apesar do sol brilhante sobre nossas cabeças, o tempo todo.

Enquanto estava sentada no jardim da **Villa San Michele** fazendo essas anotações, observei essa inscrição numa placa em frente ao mini shopping: *"Villa San Michele di Axel Munthe - Ed. Il suo Giardino"*. A Vila San Michele fica perto da **Piazza della Vittoria**. Axel Munthe era um médico escritor sueco, cuja casa tem um belo jardim, arcadas e terraços. A casa funciona como museu e de lá se tem uma vista da Marina Grande. Perto dali, na **Via Axel Munthe** há uma loja que vende produtos à base de limoncello — um licor produzido no sul da Itália.

Os que gostam de andar nas alturas, se quiserem subir mais alto em Anacapri para contemplar a ilha inteira, incluindo os Faraglioni, pode pegar o teleférico, chegando até o **Monte Solaro** que possui 589 metros acima do nível do mar. Pensando bem, para quem já havia tido a experiência da Via Krupp, qualquer oferta, mesmo que fosse gratuita, estaria fora de cogitação. Não somos da era de Tibério que adorava o inusitado. Dizem que o imperador romano mandou construir em Capri doze casas, sendo que a **Villa Jovis** é a maior e mais bem conservada. No complexo arqueológico da Villa Jovis está o **Salto Tibério** (297 metros), penhasco de onde os inimigos do imperador eram jogados. Esses pontos não fizeram parte do nosso roteiro, nem para ver, menos ainda para testá-los.

No meio da tarde, terminou a nossa temporada em Capri e Anacapri. Para sairmos de Anacapri tivemos de seguir o mesmo percurso da ida, só mudando a perspectiva do medo. O paredão estaria à direita e o despenhadeiro à esquerda, com o mar azul cintilante embaixo.

Chegou a hora de entrar no ônibus e procurar acomodação. Passageiros entreolhando-se como que estivessem buscando apoio. Havia, sem dúvida, pensamentos de toda natureza e a dúvida maior seria: de que lado eu vou? do lado do paredão ou do lado do despenhadeiro? Eu dei preferência novamente à segunda opção. Pelo menos não teria a impressão de sufocamento caso houvesse um encontrão com a rocha.

Olhei bem a cara do motorista-piloto: um tipo tranquilo, bonachão, alegre e até simpático! Parecia conhecer sua missão - a de fazer as pessoas sentirem um friozinho descendo pela espinha dorsal até... lá embaixo. Deus do céu, protegei-nos, Amém! Foi a súplica que restou naquele momento.

O ônibus arrancou. Isso mesmo: "arrancou", fazendo jus ao perfil traçado para a dita aventura. Condutor e sua máquina foram preparados para atuarem daquele jeito, fazendo barulho, uma coisa de doido. Uma curva, mais outra curva, mais outra, outra mais... O ônibus, o motorista (ou os dois) não parava de se contorcer na estrada e nós éramos levados juntos no mesmo movimento. Não sabíamos quem era mais louco: se o motorista que aceitou um trabalho como aquele, ou nós que aceitamos o passeio. Talvez todos nós.

Lourdes (de Santa Catarina) me mostrou os postais que comprou em Anacapri. Fingi que prestava atenção. Ela sorriu de nervosismo, eu também. Os homens quase não falavam. Tinha gente fechando os olhos, certamente não queria ver onde iria cair. Comecei a fazer minhas orações, apelando para as santas e santos amigos, conhecidos e desconhecidos também. Alguns eu acabara de conhecer.

Santíssima Trindade! São Pedro, São Paulo, São João, São Timóteo... Oh! Santo Expedito, Santo Estêvão, São Cristóvão (padroeiro dos motoristas). Santa Rita de Cássia, Santa Genoveva, Santa Maria, todos os santos italianos, santos baianos...

Não conseguia parar de rir, estava quase liberando a bexiga. Quem seria o santo protetor da bexiga? Bexiga tem a ver com água, água com mar, que lembra Iemanjá (Nossa Senhora da Conceição). Minha santa! Eu não sentia medo da altura nem me incomodava de olhar para baixo, apesar da pouca distância do ônibus em relação ao precipício. O meu sufoco era motivado pelo paredão da direita, pois eu tinha a impressão de que na próxima curva iríamos nos chocar contra ele.

No meio da pista, numa curva acentuada, o motorista parou de repente e falou pelo rádio com outro motorista que vinha subindo a montanha. Era um caminhão. Depois de alguns segundos, o caminhão passou e o nosso ônibus seguiu estrada abaixo, quero dizer, ribanceira abaixo. Fomos forçados várias vezes a ficar encostados no paredão para deixar outros veículos passarem. Naquela estrada os motoristas exercitam a paciência, o controle e, sobretudo, a solidariedade.

Finalmente, chegamos sãos e salvos, embora com a adrenalina saindo por todos os poros. Restava pegar o barco e navegar durante 45 minutos até Nápoles. Preferimos acomodação na parte interna, coberta. Decidi não olhar para as ondas, para não sentir enjoo. Em vez disso segui a minha onda interior, procurando relaxar, distender os músculos, colocar a adrenalina no lugar. O barco estava cheio. As acomodações eram do tipo: dois bancos, um de cada lado, tendo uma mesa entre ambos. Assim de frente para outros passageiros desconhecidos, dividimos a mesa para colocar os pertences em cima.

Seguíamos num balanço sereno que dava até para cochilar. Será? Mesmo de óculos escuros, não me senti à vontade para relaxar. Do meu lado esquerdo, estava Visi e do lado direito, Lourdes. À nossa frente um casal com uma filha adolescente recostada inteiramente sobre a mãe. Não consegui identificar a nacionalidade deles. O homem era um sujeito avantajado que ocupava espaço em todas as direções, inclusive para baixo, tocando os nossos pés. A mulher e a filha, com um perfil similar. O homem dormia e acordava assustado. Só faltava roncar. Quase senti inveja.

A um certo momento, eles comentavam sobre um fato que assistiram na televisão. Nós aguçamos os ouvidos. Do outro lado do barco estava o Osmar, marido de Lourdes. Ele havia se aproximado do televisor ligado e vinha trazendo notícias dos Estados Unidos. As imagens na televisão mostravam cenas de incêndio. Pessoas angustiadas corriam para todos os lados. Um avião batera contra uma torre, que caiu. Não se sabia ainda como tudo isso ocorrera, mas a suspeita era de ter havido algum atentado terrorista.

Descemos do barco e andamos rápido para o ônibus. Acomodamo-nos em nossas poltronas e a maioria dos passageiros dormiu assim que embarcou. Enquanto eu fazia anotações esperando o sono chegar para participar da ação "coletiva" de dormir, fui surpreendida com o andar lento do ônibus. Estávamos enfrentando um "atasco", o jeito era tirar uma soneca. Foi o que fiz na esperança de acordar em Roma, mas não deu certo. Eu dormia e acordava e a impressão era de que não saíamos do lugar. Começou a escurecer e nós no engarrafamento que durou aproximadamente uma hora. Adiante ficamos sabendo que ocorrera um grave acidente com vítimas.

O dia tinha sido cansativo, tínhamos vivido muitas emoções, a viagem era longa, a notícia de atentado nos Estados Unidos abalou as nossas estruturas e para completar havíamos anoitecido na estrada. Com isso, atrasaríamos nossa chegada em Roma. O guia nos avisou sobre uma parada técnica não prevista inicialmente, a fim de nos abastecer, comprando algo para comer ou levar para o hotel, pois chegaríamos tarde e cansados. Compramos pão, iogurte, água, presunto, queijo e frutas, o suficiente para aquela noite.

Já no hotel, reuni as informações passadas pela guia local a respeito de localidades próximas a Nápoles e Capri. São regiões que estão no roteiro de quem visita a Campânia.

Uma dessas localidades é **Ischia**, situada no lado oeste da baía de Nápoles, com acesso de barco a partir de Nápoles e de Pozzuoli. Por causa de suas fontes termais, praia de areia fina e esportes aquáticos, Ischia é a ilha preferida dos alemães. Uma de suas melhores praias é a Lido dei Maronti, que fica na aldeia de pescadores Sant'Angelo.

Outra comuna famosa é **Pompéia,** destruída pelo Vesúvio em 79 d. C. Foi redescoberta por um arquiteto que abria um novo canal para o rio Sarno. Sua escavação só foi iniciada em 1748. O Fórum é o mais importante ponto de encontro público de Pompéia e fica situado em frente ao Vesúvio. O Templo de Júpiter fica numa praça, comparada com a de San Marco em Veneza. O Teatro Grande tem capacidade para 5.000 pessoas.

As ruínas de Pompéia continuam sendo escavadas 400 anos depois de serem descobertas. Em 1944 foi o ano em que ocorreu a última erupção do Vesúvio. Há pessoas que continuam morando no morro, abaixo do Vesúvio. Elas acreditam na proteção de San Genaro, o santo que foi preso no ano de 1.300 e quando foi jogado aos leões, esses não o quiseram comer. Então, o santo foi decapitado.

A Montanha do Vesúvio tem 1.800 metros de altura e seu nome significa: "não extinto". Em 1980 foi possível observar que a erupção de 1944 tinha aumentado a altura do vulcão em 79 metros.

No roteiro da Campânia também tem cidade com ar mais aristocrático, como **Herculano**. Bem conservada, a cidade foi redescoberta por cavadores de poços no século XVIII. Sua escavação é realizada com cuidado, uma vez que há prédios modernos por cima. E **Sorrento**, cercado pelos três lados de desfiladeiros acima do nível do mar, é considerado um balneário perfeito para excursões.

Uma cidade com a história preservada é **Pesto** que fica a 40 minutos de Salerno, ao sul, e compõe-se de complexos de templos dóricos preservados. O Templo de Netuno não possui telhado, mas as 36 colunas estão de pé. O Templo de Hera, conhecido erroneamente como Basílica, é mais antigo que o Templo de Netuno. O Templo de Ceres foi usado como igreja no início da Idade Média.

Já **Positano** se caracteriza como uma cidade dos sonhos, com diversas casas pintadas de branco e jardins de laranjeiras e limoeiros. A sua praia principal se chama Spiaggia Grande e a mais longa e estreita se chama Spiaggia Fornilho.

Se o turista ama o sol de verdade, pode encontrá-lo em **Amalfi**, cidade que fica entre Sorrento e Salerno, sendo um dos lugares mais ensolarados da Itália. Esse balneário já foi rival de Pisa e Gênova. Na Piazza del Duomo tem muitas cafeterias e sorveterias ao ar livre. A Grotta di Smeraldo tem água no tom verde-esmeralda que, segundo dizem, é tão brilhante quanto as águas azuis da Gruta Azul de Capri.

O sul da Itália: Nápoles, Capri, Anacapri,

Sorrento, Salerno e toda a Costa Amalfitana, além de Pompéia e Herculano trazem, sem dúvida, alegrias de uma região talvez ainda inexplorada pela maioria dos turistas. O povo dessa região é considerado simpático, extrovertido e gregário.

Chegamos depois das 20 horas ao hotel e fomos dormir tarde por vários motivos: houve atraso durante o retorno de Nápoles por causa do engarrafamento e, além disso, ficamos vendo televisão, acompanhando o noticiário em canais diferentes, em idiomas diferentes, na tentativa de entender o que tinha acontecido nos Estados Unidos. As informações jornalísticas e as primeiras investigações levavam a crer que teria sido mesmo um atentado, o que veio a se confirmar depois. Ficamos apreensivos porque ainda tínhamos o resto da semana fora do nosso país. Mas, acreditando que Deus é brasileiro, resolvemos relaxar e aguardar as boas novas. Era 11 de setembro.

****

Verifiquei meu relógio por hábito e ele fielmente informou: 7 horas e 30 minutos na Cidade Eterna. Naquele instante saímos de Roma e eu me dei conta de que havíamos atingido o ponto culminante de nossa viagem. Iniciaríamos o caminho de volta, seguindo a canela da bota, passando por Pisa, na Toscana, região por onde já havíamos passado na ida para Roma. Nosso roteiro incluía também as cidades da Costa da Ligúria, apelidada de Riviera Italiana. No fim do dia chegaríamos a Nice, na França.

Saindo de Roma, seguimos pela via Aurélia.

Roma possui uma espécie de cinturão rodoviário, de modo que para entrar e sair da cidade segue-se a mesma via, mudando apenas o seu "gênero". Para entrar na cidade segue-se a via Aurélio (masculino) e para sair, a via Aurélia (feminino).

Com o sentimento de "saudade", depois de 40 minutos na estrada, olhamos o lado ocidental do Mar Mediterrâneo e lembramos que o Mar Adriático através do qual navegamos em Veneza, é um golfo e faz parte do Mar Mediterrâneo. A água nesse trecho por onde passávamos tem um tom azulado porque se encontra em torno de uma ilha. Não se encontra essa cor em outras partes do Mediterrâneo.

Observei que o trabalho na agricultura dessa região e em outras já percorridas é automatizado. Usa-se pouca mão-de-obra humana. Há dois ou três lavradores responsáveis por uma área enorme. Essa visão surgiu em vários trechos à beira da estrada percorrida.

Às 10 horas e 10 minutos, circulando novamente na região da Toscana, nos avizinhamos de **Grosseto**, onde avistamos plantações de azeitona. A comuna italiana tem o seu centro histórico dentro do perímetro das muralhas antigas do século XVI, sendo a Praça Dante, a principal da cidade, onde está localizada a Catedral, dedicada a São Lourenço.

Seguindo o conselho do guia, resolvi participar do cochilo coletivo. Provavelmente ele também pretendia repousar a voz, ato merecido. Consegui relaxar, mas não dormi. Estava impressionada com a quantidade de viadutos e de túneis existentes nessa estrada, quase colado um ao outro, com poucos intervalos entre eles. Além da quantidade, eles são muito extensos, às vezes dando a impressão de estarmos em um subterrâneo. Foi aí que eu entendi a sugestão do guia para que dormíssemos.

Como eu não dormia, percebi que estávamos na direção de Livorno. Avistamos de novo o Mar Mediterrâneo e uma das três maiores ilhas da Itália: a **ilha de Elba**, que tem o formato de um peixe e a qual acolheu Napoleão quando ele foi exilado. As duas maiores ilhas da Itália são: primeiro a Sicília, situada abaixo e à frente do bico da bota e a segunda, a ilha da Sardenha, banhada pelo Mar Tirreno.

Sobre **Livorno**, fomos informados de que se trata de uma cidade portuária na costa oeste da Toscana. A cidade possui um porto marítimo importante, sendo um dos maiores do Mediterrâneo, tanto para navios de carga como navios de cruzeiro, servindo como porta de entrada para a região da Toscana, incluindo sua capital, Florença. Livorno é conhecida ainda pelas fortalezas, pela produção de marisco e pela Terrazza Mascagni com pavimento em um padrão de tabuleiro de xadrez.

Sem perda de tempo, o motorista nos guiava na direção cada vez mais próxima da costa. Em minutos chegaríamos a Pisa, que juntamente com Lucca, Siena e Florença formaram o núcleo mais importante do Renascimento. Era perto de meio dia, quando deixamos a rodovia que leva a Gênova e rumamos na direção de Pisa.

Preenchendo o espaço de tempo que sobrava, o

guia lembrou que: Veneza destaca-se pelos canais, Florença pelas igrejas renascentistas, Roma pelas ruínas e Pisa pelos quatro monumentos, sendo o duomo o mais importante, embora a torre talvez seja a mais conhecida e famosa dentre eles. O rio mais importante de Pisa é o rio Arno.

Desembarcamos em Pisa, na área permitida para circulação de veículos pesados e pegamos carona em transporte local disponibilizado para os turistas se deslocarem até o centro das atrações da cidade que é o Campo dei Miracoli.

Pisa

Pisa é uma comuna italiana pertencente à região da Toscana. Seu ponto de atração principal é a Campo dei Miracoli que representa o conjunto dos quatro monumentos mais importantes da cidade. A arquitetura destes monumentos visava chamar a atenção do Império Romano. Pisa centraliza a atenção dos turistas nesses quatro monumentos: Catedral; Batistério; Campanário e Campo Santo.

A **Catedral** foi construída entre 1063 e 1118 para celebrar a vitória de Pisa sobre os sarracenos na Sicília. Contém elementos decorativos orientais e bizantinos e fachada em arcadas. O arquiteto Buscheto escreveu em latim na arcada esquerda: "Esta igreja de mármore não tem igual". Giovanni Pisano esculpiu no século XIV o púlpito de mármore na nave esquerda.

A **Torre inclinada** (O Campanário) está fora de

alinhamento em mais ou menos cinco metros em relação à sua base. Possui 8 andares, tendo 55,65 metros de altura no lado norte e 54,8 metros no lado sul. De longe o turista já vislumbra o cilindro de mármore branco, do século XIV, que é a torre do sino da catedral e fica atrás dela.

O **Batistério** é de formato circular, tendo no alto a estátua de João Batista. À esquerda da pia batismal está a maior escultura de Pisa - um púlpito de mármore hexagonal de Nicola Pisano (pai de Giovanni Pisano). A escultura é gótica francesa, baseada em modelos de sarcófagos etruscos e romanos.

O **Campo Santo** é um cemitério do século XIII, com uma Madona e os santos. Na galeria norte do claustro um afresco mostra como os humildes e aristocratas têm o mesmo destino (Triunfo da morte - 1360).

Vistos e fotografados todos os monumentos, saímos da cidade com o braço doendo de tanto "tentar segurar a torre", porque diversas pessoas buscavam o ângulo certo para dar a impressão de que estavam realmente segurando a torre para ela não cair. Acontece que fica um monte de gente querendo tomar o seu lugar no solo quando descobre que você conseguiu o tal ângulo mágico. Coisa de turista.

Foi difícil também arranjar um lugar para fazer refeição. É que não sobrou muito tempo para esse fim, pois nós demos prioridade ao passeio pelo Campo dei Miracoli, tirar fotos e comprar postais, como de costume. Parece que os demais companheiros de viagem e outros turistas também fizeram o mesmo. E na hora do almoço, todos foram para o mesmo lugar porque havia poucas alternativas que coubessem no nosso tempo. O resultado foi uma correria danada para não quebrar o protocolo da excursão chegando atrasado no ônibus.

Para voltarmos ao ponto do ônibus, pegamos um transporte gratuito que leva turistas do Campo dei Miracoli até o destino desejado. Maravilhados com a nossa visita, seguimos pela costa oeste da Itália, que vai de Viareggio até San Remo. Um percurso longo e cansativo, com paradas curtas, inclusive a última em Pisa que foi focada num só ponto e ainda assim tivemos que correr. Entendemos que são as consequências desse tipo de excursão em que o viajante não faz escolhas, tem somente que se adaptar ao esquema proposto.

Cansados, aproveitamos para tirar a soneca tradicional. Lá fora, um sol escaldante nos aconselhava a ficar quietos no nosso canto, só olhando a paisagem caso faltasse sono. Acabei cedendo e adormeci, completamente, mas por pouco tempo. Que nem um pássaro de fragata, a cabeça inclinada, mas o cérebro ativo, acompanhando a viagem pelo balanço do ônibus. Qualquer ruído diferente e eu estava de novo de prontidão.

Num desses ruídos, o alarme acendeu e ficamos sabendo que estávamos passando por **Carrara**, comuna italiana situada na região da Toscana, província de Massa-Carrara, com altitude superior a 1.700 metros. A cidade é famosa pelo mármore, desde a Roma Antiga quando esse material foi utilizado para a construção do Panteão. A produção do mármore de Carrara é exportada para países de todo o mundo.

Visualizamos à nossa direita algumas cordilheiras. São os Alpes meridionais. Nessas cordilheiras há crateras de onde se extrai o mármore de Carrara. Michelangelo, referindo-se a Carrara, disse: "Para a eternidade eu digo: a arte está aí dentro". E dali (da pedra) retirou o material para o seu David. A Itália é o primeiro produtor do mundo em mármore. Saímos da região da Toscana e ingressamos na Ligúria.

Região da Ligúria

Essa região, conhecida como Riviera Italiana, é rica em história, cultura, montanhas, natureza, diversão, mar com encostas rochosas, praias de areia fina, diversas faces que atraem muitos turistas. Está situada no noroeste da Itália, limitando-se ao sul com o Mar Ligure, ao norte com as regiões Piemonte e Emília- Romagna, envolvendo a cadeia montanhosa formada pelos Alpes marítimos e os Apeninos. A leste limita-se com a Toscana e a oeste com a França. A capital da região da Ligúria é Gênova.

Eram 15 horas e 30 minutos quando chegou a informação de que estávamos nas imediações de **Gênova**. Cruzávamos pontes altíssimas! Afirmo: as maiores e mais altas pontes que já vi estão na Itália. Os maiores túneis vistos por mim até aquela data também foram os italianos. Só se via parede de um lado e outro, luzes no teto e dos lados e alguns ainda têm a ousadia de serem sinuosos. *Mamma mia! Cáspita!* Que *paura* que dá, às vezes! *Dio mio!*

Voltando a **Gênova**. A cidade está localizada na Costa da Ligúria, entre os Apeninos e o mar e é uma cidade portuária. Sempre teve um papel importante no comércio marítimo, com um dos principais portos da Itália. É uma cidade rica em arte, cultura, tradição e diversão.

Os palácios Bianco e Rosso contêm obras de pintores famosos, no entanto, a cidade não dedicou um monumento a Cristóvão Colombo, embora essa seja sua cidade natal. A parte moderna tem prédios luxuosos, enquanto a antiga possui ruas estreitas que desembocam em grandes praças com vista de monumentos grandiosos. A Catedral de San Lorenzo e o Palácio Ducal são dois pontos de atração para turistas, além do Aquário de Gênova e da Piazza delle Erbe, considerada o coração da cidade antiga.

Depois de Gênova, as montanhas se retraem e os túneis que estão nessa região são menores que os existentes no trecho entre Roma e Pisa. A hora europeia indicava que nos aproximávamos das 17 horas, embora ainda houvesse claridade solar em contraste a uma bruma acinzentada nas montanhas ao longe.

Nessa hora trafegávamos perto de **Pietra Ligure**, a comuna que abriga as ruínas de um castelo medieval, de onde se origina seu nome. A cidade possui muitas igrejas distribuídas pelas ruas e becos de pedra e a Catedral de San Nicolò, situada numa praça.

Ainda na região da Ligúria, nos avizinhamos de **Albenga** e de **Andora**, ambas ligadas à província de Savona e situadas nas proximidades de balneários famosos da Riviera Italiana. Sequencialmente, passamos por cidades pertencentes à província de Impéria. A primeira que registrei foi **San Bartolomeo al Mare**, que fica na fronteira com Andora. Prosseguindo passamos por **Imperia** e a seguir por **Taggia.** A região em torno de Taggia é um misto de vale e montanha.

Eram 17 horas e 30 minutos e o céu estava bastante claro e o sol brilhando. Os viadutos voltaram a impressionar pelo tamanho e, sobretudo, pela quantidade. Havia dez horas estávamos deslizando em solo italiano. Naquele momento a temperatura local dentro do ônibus era de 22° C. Chegamos a Sanremo, outra cidade da Ligúria.

Assim como outras cidades já citadas, **Sanremo** é província de Impéria, estando a oeste de Gênova. Conhecida como a cidade das flores, essa localidade alegra os transeuntes com o colorido dos jardins e sacadas floridas das residências. Considerado o mais famoso balneário dessa região, Sanremo dispõe de lojas chiques na conhecida Via Matteoti, uma das principais da cidade. Nessa via está situado o Teatro Ariston que promove festival de música italiana no mês de fevereiro. A cidade tem ainda um Cassino que representa um dos seus símbolos.

A costa oeste da Itália é apaixonante: as cidades são bonitas, o acesso é facilitado por excelentes estradas e a combinação de vales e montanhas e mar, tudo sincronicamente ajustado, favorece o aconchego e o sonho. Fazendo uma retrospectiva de nossa passagem por 8 das 20 regiões italianas eu diria que é difícil saber qual delas é a mais atraente. É fácil mencioná-las, difícil é escolher uma para chamar de "minha".

As Dolomitas no Alto Ádige são marcadas pela beleza das formações rochosas típicas dos Alpes. O Vêneto, especialmente Veneza é caracterizada pelas lagunas (e as orquestras da Praça de São Marcos). A Emília-Romagna nos cativa com suas cidades medievais, sua gastronomia e resorts à beira mar. O Lácio contém um mundo particular de história que é Roma e o Vaticano. E o que dizer dos campos verdejantes da Úmbria, da religiosa Assis, do Mar Adriático? A Toscana possui a força milenar da cultura italiana, com clima ameno, propício ao cultivo da uva, sendo considerada a terra da arte e do vinho, tendo Florença como cidade principal. Na Campânia, região verde e fértil, está Nápoles e também o universo destruído e reconstruído de Pompéia, o Vesúvio e a Ilha de Capri. Na costa oeste, está a Riviera Italiana com Gênova, Sanremo, e mais acima, as pedreiras de mármore Carrara. Difícil de escolher, difícil de esquecer.

Enquanto refletia sobre tudo isso, descobri que faltavam 15 minutos para as 18 horas. Estávamos chegando à fronteira da Itália x França passando da Riviera Italiana para a Riviera Francesa, que corresponde à região da Provence-Alpes-Côte d'Azur.

Região Côte d'Azur

A região denominada Provence-Alpes-Côte d'Azur, Côte d'Azur ou, simplesmente, Riviera Francesa faz parte do litoral sul da França, no Mar Mediterrâneo e se estende até a fronteira com a Itália. Abrange várias cidades, algumas mais famosas, outras nem tanto, mas todas com o charme do azul litoral francês.

Entre as cidades mais conhecidas da Riviera Francesa estão: Nice, Cannes, Saint Tropez, Mônaco, Èze, Antibes, Villefranche-sur-Mer, Toulon, Fréjus, Cassis, Cagnes-sur-Mer, Le Lavandou e outras tantas que completam o circuito de uma costa que pode ser cruzada em aproximadamente três horas.

Nice

Nice é a capital da Riviera Francesa e está localizada na Baie des Anges (Baía dos Anjos). Foi fundada pelos gregos, recebendo o nome de Nike ou Niceia, em razão da vitória contra os lígures. A origem do nome da cidade vem de Niké, deusa da mitologia grega que personificava a força, a velocidade e a vitória e cuja imagem representativa era a figura de uma mulher alada.

Nice tornou-se cidade a partir de 1860, tendo pertencido anteriormente à Itália. Logo depois dessa data, a população se revoltou contra a França junto com Giuseppe Garibaldi, que nasceu em Nice, pedindo a reunificação de Nice com a Itália, mas o novo governo de Paris reprimiu os atos de forma violenta, proibindo inclusive o idioma italiano na cidade.

No século XIX a cidade se tornou destino preferido dos ingleses que nomearam o passeio junto à praia de **La Promenade des Anglais** (O Passeio dos Ingleses). São quase 7 quilômetros de extensão de uma larga avenida, calçada, que serve para caminhar, correr, andar de bicicleta ou sentar e admirar os transeuntes e o badalado mar azul.

Nice é a 5ª cidade mais populosa da França, se estabelecendo nessa classificação depois de Paris, Marseille, Lyon e Strasbourg. Cidade bonita e bem localizada, fica a 30 quilômetros da fronteira com a Itália e perto da Áustria, da Suíça e do Mediterrâneo.

A cidade está dividida em duas partes com características próprias. A margem esquerda da cidade é mais antiga, tem ruas estreitas e arquitetura similar a Turim, na Itália. As ruas têm calçamento de paralelepípedo, há construções históricas, cafés, restaurantes, lojinhas e as fachadas das casas são coloridas. Já a margem direita se assemelha ao estilo parisiense do Boulevard Haussmann, com prédios que foram construídos após a anexação de Nice à França. A principal área do comércio de Nice está na Avenida Jean-Médecin, onde se visualiza as maiores lojas que vendem produtos de diversas marcas.

As palmeiras que estão plantadas ao longo das avenidas foram trazidas pelos árabes. Nice é uma cidade bem arborizada, com belas residências e os prédios lembram um pouco Copacabana no Rio de Janeiro.

Há museus e galerias de arte na cidade com obras

de Matisse, Chagall, Artes Asiáticas, assim como obras de artistas locais que merecem uma visita mais prolongada à cidade. O turista pode dar uma passada ainda nos mercados onde se vende flores frescas, legumes e frutas para conhecer a variedade dos produtos da região. Um evento concorrido é o Carnaval de Nice que ocorre no mês de fevereiro, durante o qual se faz um desfile de flores que cobre a cidade de beleza, perfume e encantamento.

Nossa passagem por Nice foi curta, de modo que apenas avistamos alguns pontos turísticos, sem aproximação. Além disso, não podemos avaliar devidamente a qualidade do sol que brilha na cidade o ano inteiro, o famoso azul do Mar Mediterrâneo, o charme das ruas em uma caminhada, a natureza exuberante e o clima gostoso ao ar livre.

Desembarcamos no hotel Nikaia, onde pernoitamos. Chegamos anoitecendo e saímos quase imediatamente para o jantar e visitar Mônaco e o Cassino em Monte Carlo. Jantamos com o grupo e foi-nos oferecido um prato típico da região da Provence e de Nice e que recebeu influências espanholas e italianas. Considerando que já passamos pelos dois países, aceitamos a sugestão. O prato foi *ratatouille* que pode ser traduzido como um "guisado de legumes", uma mistura de abobrinha e beringela com cebola, tomate, pimentão, azeite, molho e outros temperos.

Sem perda de tempo, saímos do jantar direto para Mônaco. Seguimos de ônibus, subindo a encosta através de uma pista estreita e sinuosa, mas nem de longe se assemelhava à Via Krupp na italiana Capri.

Do alto, avistamos a cidade de Nice toda iluminada. Uma vista deslumbrante e inesquecível.

Mônaco

Mônaco é uma cidade-estado independente que fica na zona costeira do Mediterrâneo, na Côte d'Azur, na França. A área ocupada pelo principado já era habitada desde a pré-história. Mônaco foi fundado como colônia na Ligúria antiga, sendo depois ocupada por gregos e cartagineses e posteriormente pelos romanos.

Possui status de país, embora sua extensão territorial seja de aproximadamente 2 quilômetros quadrados, maior do que o Vaticano (0,44 km²). Apesar de pequeno, é considerado o mais rico da Europa e um dos mais caros. Não há democracia em Mônaco, já que o país é um principado, tendo como chefe atual da **Casa de Grimaldi**, o príncipe Alberto II, desde 2005. Apesar de haver um parlamento, o poder encontra-se nas mãos do príncipe, monarca soberano e chefe de estado.

Atendendo à curiosidade dos turistas, o guia nos conduziu até às proximidades de duas residências dos Grimaldi. As duas casas ficavam em uma rua sossegada, tendo na frente uma guarita para os seguranças que deviam estar em outro canto quando passamos por lá. Alguns companheiros de viagem tiraram fotos em frente às duas mansões.

Mais adiante, admiramos o **Palácio do Príncipe** que é a residência oficial da família Grimaldi há mais de 700 anos e um dos pontos turísticos mais admirados da localidade. Alguns dos aposentos são liberados para visitação pública, com duração de aproximadamente uma hora, mas nós passamos no local à noite, sendo possível apenas admirar a iluminação e fotografá-lo de todos os ângulos.

Seguimos para **Monte Carlo** que é um dos 10 distritos do Principado de Mônaco. Monte Carlo abriga um complexo de cassinos e a casa de óperas Salle Garnier, além de hotéis de luxo, casas noturnas, lojas e restaurantes. Mas o distrito é mais conhecido pelo Cassino frequentado por celebridades e pelo Grande Prêmio de Fórmula 1 que acontece lá.

Para ter acesso às dependências do cassino era preciso estar vestido a rigor: homens deveriam se apresentar de terno e gravata e as mulheres com roupa apropriada às cerimônias. Colocamos a melhor roupa para não ficarmos fora dos padrões exigidos. No estacionamento do cassino, estavam os carros mais chiques do mundo. Quase todos eram Mercedes Benz e Ferrari.

A entrada custava 50 francos para quem desejasse jogar nas roletas. Alguns companheiros se aventuraram nessa empreitada, mas outros, incluindo eu e Visi, preferiram ficar na "ante sala", onde não se paga nada e é permitido fazer uso das máquinas "caça níqueis". Aproveitei e joguei umas moedas, para saber como funcionava e para marcar presença no cassino. Ganhei e perdi por várias vezes, mas saí feliz por ter entrado pela primeira vez em um estabelecimento dessa natureza, participando do jogo em um cassino de Mônaco.

Embora não tivéssemos permissão para jogar nas roletas, foi-nos facilitada a entrada para conhecer o interior do cassino que é muito luxuoso e atraente. Há muitos detalhes dourados belíssimos. Não é permitido entrar portando máquina fotográfica ou filmadora. A vistoria é feita na entrada por homens vestidos de terno preto. Embora tendo ficado encantada com a beleza e o luxo do local, fiquei pensando como é que pode haver tanta injustiça nesse mundo, onde uns gastam milhões por prazer, enquanto outros não dispõem sequer do mínimo para gastar com as necessidades básicas. Enfim, é o mundo com suas contradições.

À esquerda do cassino, situa-se o finíssimo Hotel de Paris que nós fotografamos à vontade. Depois caminhamos por algumas quadras para encontrar o ônibus que ficara estacionado um pouco distante. Aproveitamos para ir conhecendo um pouco mais esse lugar bonito e luxuoso a ponto de ofuscar olhares acostumados a contemplar realidades humanas esquecidas.

Depois de ingressarmos no ônibus, passamos pela pista de corrida de Fórmula I, onde os nossos corredores e os de outros países já desfilaram com suas máquinas velozes em busca do título de "campeão".

Retornamos ao Hotel Nikaia, encontrando a porta fechada. O guia local, um brasileiro, usou o telefone celular para acordar o recepcionista. Ainda bem que ele não tinha ido embora antes de nossa entrada, pois senão teríamos dormido na porta do hotel. O que, provavelmente, inspiraria a letra de uma música para o carnaval de Nice, o tema de uma crônica francesa ou de um livro de suspense italiano.

Passava de meia noite e nós fomos dormir com a preocupação de acordar cedo para seguirmos a rota de excursionistas incansáveis.

****

Um novo dia, a mesma rotina: seguir na estrada. Eu estava gripada havia três dias. Os sintomas de dor na garganta, enjoo e febre que se instalaram de vez em Roma, acabaram atraindo coriza e completando o quadro de uma gripe que estava consumindo muitos lenços de papel e minhas energias também.

Eram 7 e meia de uma manhã de sol claro e nós estávamos saindo de Nice. Desde que deixamos Roma, percorrendo a Riviera Italiana e ingressando na Riviera Francesa ficamos com a impressão de que já tínhamos visto tudo de bonito. No entanto, continuávamos nos surpreendendo com o presente que a natureza nos proporcionava a todo instante. Era muita abundância de beleza que se repetia a cada quilômetro, causando uma sensação de *déjà vu*. Uma sensação motivada pelo retomo, mas também pela rica paisagem que se abria aos nossos olhos ininterruptamente. Apesar disso, naquele dia, minha disposição estava mais para admirar e menos para anotar.

Recolhida a maior parte do tempo, aqui e acolá, colocava uma nota ou uma pergunta para o meu assistente de bordo, Visi, que passou a fazer as minhas anotações, enquanto eu repousava. E assim nós seguíamos, fincados dentro de um ônibus, com a cabeça nos ares, relembrando as memórias passadas que se amontoavam às imagens presentes e quase atropelavam as futuras.

Trafegávamos pela região Provence-Alpes-Côte d'Azur que abrange mais de 200 quilômetros da faixa litorânea. Ao contrário de outras regiões da França, a Côte d'Azur está protegida dos ventos que vêm do Norte, por isso as temperaturas são amenas, variando entre 10 graus no inverno e 30 graus no verão.

Essa região é considerada uma das áreas mais luxuosas, caras e sofisticadas do mundo. **Cannes** está entre as cidades mais conhecidas, sendo famosa pelos festivais internacionais de cinema, pelas lojas de grifes famosas, hotéis de luxo, praias arenosas e turistas cheios de verba, que frequentam seu território. Mas a cidade também tem lugar para os visitantes menos abastados pois, o espaço público, como em qualquer outra cidade, está disponível para as visitas e passeios, não importando se o sentimento que a pessoa tem dentro de si é de simplicidade ou de opulência. A cidade que abriga o Palácio dos Festivais e a Calçada da Fama (Allée des Stars) também acolhe andarilhos de todos os continentes.

Algumas opções de diversão ao alcance dos turistas: caminhar no calçadão da avenida Promenade de la Croisette; conhecer a ilha de Saint Honorat e banhar-se nas águas translúcidas da praia; visitar a Abadia de Lérins e degustar vinho; ir ao Musée de la Castre; espairecer no Marché Forville, um mercado que vende de tudo, inclusive refeições rápidas.

Dentro do ônibus, sem tapete vermelho, enquanto uns suspiravam de admiração ou inspiravam de emoção, ouvindo o guia, outros roncavam de "dorminhação". Provavelmente, completando o repouso que faltara nas noites anteriores. Dormir durante o trajeto seria bastante justificável para quem estava finalizando uma excursão e perdera alguns minutos de sono todos os dias.

Circundávamos nas imediações de **Fréjus,** comuna francesa no departamento (estado) do Var. A cidade já representou um importante centro de produção e comércio de trigo, pecuária, pesca e olaria, o que possibilitou seu crescimento demográfico, apesar das invasões sofridas. Fréjus é uma cidade portuária, que abriga ruínas romanas, um museu arqueológico que contém objetos de escavações da cidade e a Catedral de Saint-Leonce.

Fazia um bom tempo na estrada e as pernas já começavam a doer, quando o guia informou sobre a nossa parada técnica. Desci do ônibus, para dar uma esticada no corpo, mas voltei logo para me aconchegar na poltrona. Alguém informou que estávamos próximos de Toulon.

Eram quase 10 horas e lá fora chovia bastante. Decidi desligar o botão externo e ligar o interno, me recolhendo para um cochilo, embora meu estado doentio não me permitisse um completo relax. As placas de sinalização indicavam que estávamos a 460 quilômetros de Barcelona, nosso destino.

Assim como Fréjus, **Toulon** também pertence ao

departamento do Var, do qual é a capital. Toulon é uma comuna populosa, sendo a décima quinta em população dentre as cidades francesas. Cidade portuária, conhecida pela base naval do seu Porto, por sua história militar e pelo teleférico do Mont Faron, onde existe um jardim zoológico.

Revendo minhas anotações, percebi o quanto havia de informação, a maioria incompleta, o que ocuparia outros 21 dias ou mais para completar os dados e ficar do jeito que eu pretendia.

Continuávamos percorrendo a mesma região, já no departamento (estado) Bouches-du-Rhône, e nos encontrávamos a cerca de 20 quilômetros de Marseille, passando por **Aubagne.** Essa pequena cidade do sul da França abriga a casa e museu de Marcel Pagnol, com representações de sua vida e de sua obra, onde se pode ver cenas dos seus filmes e romances reproduzidas em estatuetas. Marcel Pagnol foi um dramaturgo e cineasta francês, membro da Academia Francesa de Letras, que nasceu no final do século XIX, em Aubagne e morreu em 1974, em Paris.

O trabalho final para a minha certificação no curso de francês, pela Aliança Francesa, resultou de uma apresentação do livro de Pagnol intitulado "La Gloire de Mon Père" (A Glória de Meu Pai), romance autobiográfico escrito em 1957, onde o autor apresenta uma narrativa de amor filial.

Deixando de lado a literatura e olhando para o mundo lá fora, percebi que a chuva havia passado e o céu estava bem azul novamente. Às 10 horas e 25 minutos estávamos nos aproximando de **Marseille,** a cidade mais antiga da França.

Marseille é um município do departamento de Bouches du Rhône, do qual é a capital, sendo também capital administrativa da região de Provence-Alpes-Côte d'Azur. Fundada pelos gregos, antes de Cristo, Marseille pertenceu ao Império Romano, tornou-se um porto comercial importante, transformando-se depois em propriedade do reino da Sicília e, só em 1481, foi incorporada à França.

Conhecida como a "terra da lavanda", a cidade também produz vinho, sendo que 80% dessa produção é de vinho rosé. Cidade bonita, ensolarada, com pontos turísticos famosos como: a Basílica Notre-Dame de la Garde, que fica no alto, o Porto Velho, o Forte Saint-Jean e o Palácio Longchamp. Marseille é o ponto de partida para as praias da região Côte d'Azur.

Ainda na Riviera Francesa, chegamos a **Arles**, cidade que está ligada ao Mar Mediterrâneo por um canal, em uma zona úmida do delta do rio Rhône (Ródano). O rio Rhône nasce nos alpes suíços e termina na França, desaguando no Mediterrâneo.

Arles é uma cidade com história e monumentos atraentes, merecendo uma parada mais prolongada para visitar seu anfiteatro, museus, igrejas e obelisco do século IV, com 20 metros de altura.

Já em outro departamento – Vaucluse - passamos nas imediações de **Avignon**, cidade que fica às margens do rio Rhône e é a capital de Vaucluse. No passado, a cidade já foi residência dos papas, permanecendo sob o domínio da Santa Sé até se tornar parte da França, em 1791. As marcas desse período estão impressas na arquitetura do Palácio dos Papas, uma das mais importantes construções da Idade Média na Europa. Funcionava como palácio e fortaleza e, no século XIV, foi a sede da cristandade do Ocidente.

Região da Occitanie

Saímos da região de Provence-Alpes-Côte d'Azur e ingressamos na região da Occitanie, no sudoeste da França. Estávamos a 46 km de Montpellier, chegando a **Nimes**. De acordo com o guia, nessa cidade existem os produtos arquitetônicos mais importantes depois da Itália.

Nimes pertence ao departamento de Gard, do qual é a capital. A cidade é caracterizada por suas construções romanas como: a Arena, o Templo Carrée, a Ponte do Gard e o Templo de Diana, além de outros. A cidade abriga o primeiro parque público da Europa – Os Jardins de la Fontaine – o qual faz parte da lista de jardins notáveis da França. Com tanta beleza arquitetônica, templos, ruínas, monumentos, museus, cânion, rios e jardins, a cidade é um destino certo para turistas que valorizam a história, a cultura, a beleza e os modos de vida de um povo.

Continuávamos circulando pelo sudoeste da França e nossa aproximação de **Montpellier** ocorreu quase na hora do almoço, mas não almoçamos na cidade que fica a 10 quilômetros do Mar Mediterrâneo. Essa aproximação me fez evocar a famosa "dieta mediterrânea", embora ninguém ali estivesse pensando em fazer dieta alguma.

Montpellier é também uma cidade da região Occitanie, no departamento de Hérault, do qual é a capital. Fica perto de Carcassone que, segundo informações, é uma das cidades fortificadas mais bonitas da França. Fica próximo também de Castelnaudary - cidade onde foi inventado o *cassoulet* (feijão branco com miúdos de porco e aves).

Apesar da cidade trazer lembranças culinárias, Montpellier é conhecida pelo seu centro histórico medieval, pelas belas mansões, pela vida universitária flamejante, pela Catedral de São Pedro e pelo Lez, o principal rio da localidade.

Como não podíamos seguir nossos desejos em relação ao cardápio, fomos instados a aceitar o que havia disponível. Paramos para o almoço na beira da estrada. Havia restaurantes dos dois lados da pista. Seguimos a orientação e atravessamos a pista. A comida? Hum! ruim, sem graça e muito cara. O cardápio era francês, mas, de beira de estrada.

Que saudade senti de uma carne assada acebolada, com feijão tropeiro ou farofa e arroz. Porém, eu nem poderia me imaginar comendo farofa com o nariz entupido. Continuamos nossa viagem dormindo um pouco. Hora da sesta. O relógio marcava 13 horas e 40 minutos.

Percorrendo a rodovia A9, ainda cruzando o departamento de Hérault, nos aproximamos de

Agde, à beira do Mar mediterrâneo, na desembocadura do rio Hérault. A origem do seu nome vem da colônia grega Ágata Tique. Durante o período romano a cidade ficou conhecida como Ágata.

Agde é uma estação balneária e porto turístico, sendo o turismo e o comércio suas principais fontes de renda, embora no passado tenha se dedicado fortemente à pesca. Como atrações, a cidade dispõe de vários parques aquáticos e praias.

O departamento de Hérault abriga, ainda, a cidade de **Béziers**, da qual beiramos suas margens. Comuna pequena, cujos pontos de atração mais procurados são a Catedral de Saint Nazaire e a Ponte Vieux, cartões postais da cidade.

Sem mudar de rumo, permanecíamos ainda na região da Occitanie, mas cruzando outro departamento. Passamos pela cidade de **Narbona**, localizada no departamento de Aude, do qual é uma subprefeitura. Próxima ao litoral mediterrâneo, a cidade dispõe de atrativos voltados para os passeios de barco pelo canal de la Robine, as praias e os resorts. É uma cidade florida, cuja Catedral possui a terceira mais alta abóbada da França. O edifício prestigiado homenageia Saint-Just e Saint-Pasteur.

Finalizando nossa passagem pela Occitanie, chegamos à cidade de **Perpignan**, pertencente ao departamento dos Pirineus Orientais, do qual é a capital. A cidade já foi capital do reino de Maiorca nos séculos XIII e XIV e mais adiante foi capital de Rossilhão, localidade francesa que pertenceu à

Catalunha e que é conhecido como "Catalunha Francesa".

Desde 2010, foi aprovada a língua catalã como idioma cooficial com o francês para uso dos habitantes de Perpignan. A cidade faz promoção de si com o slogan "Perpignan – a catalã". Dois prédios de inspiração catalã dominam a cidade: a Catedral de São João Batista e o Palácio dos Reis de Maiorca.

Os Pirineus constituem a região que separa a França da Espanha. Naquele dia, atravessamos dois países e estávamos prestes a adentrar no terceiro, o país de onde partimos para a excursão. Era a "volta às origens". Com os mesmos companheiros de estrada, incluindo motorista e guia. Ah, o guia! Era uma pessoa incansável nas suas preleções. Como era espanhol, não perdia tempo de falar de sua terra e por isso trouxe mais umas pílulas de conhecimento.

Ele contou que a leste dos Pirineus está a **Costa Brava** - região onde há cavernas e rochas. A Espanha possui muitas costas: **Costa de La Luz** que fica na fronteira com Portugal. **Costa Escarpada**, com praias isoladas e aldeias de pescadores e onde se encontra o Cadaqués - aldeia que atrai muitos artistas e onde Salvador Dali construiu uma residência. Há também a **Costa Dorada** - cujo nome se deve às praias de areia dourada ao longo dos mais de 240 km ao sul de Barcelona. A **Costa dei Azahar**, conhecida por "Costa da Flor de Laranjeira", ao sul de Tarragona, tem mais de 100 km de costa com praias ladeadas de plantas cítricas e de oliveiras. No total, a Espanha possui 2.500 km de costas, começando no Mediterrâneo e indo até ao Atlântico.

Região da Catalunha

Ultrapassada a fronteira, estávamos novamente em solo espanhol, felizes, porque tínhamos completado o circuito da excursão com êxito. Faltava pouco para selar o "pacote", mas já podíamos comemorar. Naquele instante, a vontade era abandonar-se e deixar a natureza agir por conta própria. O que acontecesse, seria bem-vindo!

Chegamos a **Figueres**, levados pela via AP-7. Esse município com características de vila rural, está localizado na província de Girona e é a capital de Alt Empordá, uma comarca ao norte da Catalunha. Fica a 15 quilômetros do Mar Mediterrâneo, aos pés dos Pirineus e rodeado de três parques naturais.

Figueres é o principal núcleo urbano e polo econômico e comercial de Empordá. Cidade natal de Salvador Dali, apresenta como um dos seus pontos turísticos o Teatro-Museu Dali, criado pelo próprio artista. Além de oferecer visitas a outros lugares como: o Museu dos Brinquedos da Catalunha; o Castell de Sant Ferran, em forma de estrela, considerado a maior fortaleza militar da Europa e de onde se tem uma vista dos Pirineus e da cidade de Figueres. E a Rota do Vinho Empordá, onde o turista pode apreciar o vinho da Catalunha misturado às tradições gastronômicas, ao ar das montanhas e do mar.

Após algumas horas nesse giro rodoviário, nossa cabeça já seguia um movimento giratório espontâneo e eis que atravessávamos **Girona**, quase que propositalmente. A cidade fica no nordeste da Catalunha, às margens do rio Onyar, sendo conhecida pelas ruínas romanas, arquitetura medieval e a Fortaleza Força Vella. O Passeio Arqueológico segue as muralhas medievais, ladeado por jardins e abriga torres com vistas panorâmicas. Já a Catedral de Girona surpreende pelo tamanho de sua nave. Supõe-se que a nave é a mais larga nave gótica do mundo, com quase 23 metros.

Perto da cidade, existem os banhos árabes, que são considerados os banhos mais bem preservados da Espanha, depois dos banhos de Granada. A partir de Girona é possível ter acesso à Costa Brava, que se inicia na desembocadura de la Tordera e termina na região norte da Catalunha, constituindo mais de 200 quilômetros de costa para a alegria dos espanhóis e dos visitantes.

O circuito continuou nos levando até Barcelona, aonde chegamos às 16 horas e 45 minutos.

Barcelona

Uma das cidades mais importantes do Mediterrâneo, situada entre duas montanhas, tendo sido fundada no século I a. C. No início era uma colônia e sempre esteve ligada ao império e não à república. Barcelona é a capital da Catalunha, comunidade autônoma localizada no extremo leste da Península Ibérica, dotada de autonomia legislativa e de competências executivas que lhe permitem se autoadministrar mediante representantes próprios.

Barcelona floresceu entre os séculos XII -XIV,

com a fundação do Bairro Gótico. No século XIX, Antonio Guadí, arquiteto modernista ornamentou a cidade com suas obras criativas. Gaudi adotava o estilo arquitetônico com formas curvas.

Logo que chegamos à cidade, fizemos o tour guiado, para conhecer o lugar que alguns amigos meus consideram um dos mais lindos da Europa. Claro que essa percepção sobre a beleza de uma cidade, pessoa, ou coisa, depende de referências muito particulares. E não dá para ficarmos discorrendo sobre um assunto que não tem fim. O bom mesmo é curtir cada momento e apreender o que for conveniente naquele instante. Depois, seguir. Naquele dia, como nos anteriores, seguiríamos a voz do guia, afinal, ele era a nossa bússola.

E ele, acompanhado de uma guia local, nos conduziu para os seguintes pontos:

Catedral da Sagrada Família, cujas fachadas representam a Vida de Cristo, Paixão e Morte, Glória e Ressurreição. É obra de Gaudi, iniciada em 1822 e que ainda continuava sendo construída quando passamos por lá, embora já esteja funcionando, sendo aberta diariamente. Ao lado da Catedral há dois museus: **Museu de História de la Ciutat** e o **Museu Frederic Marès**, com objetos de arte e objetos religiosos do mundo todo.

Além da Catedral, vimos outras obras de Gaudi: o **Terraço da Casa Milá** que tem a fachada de pedra; fachada da **Casa Battló**; **Parc Güell**, uma construção semelhante a uma fortaleza, considerado o mais famoso parque de Barcelona. São muitas as obras que foram projetadas por Antonio Gaudi, existindo em Barcelona O Roteiro Gaudi, que leva os turistas até esses locais.

Seguindo nosso giro, trafegamos pela **Avenida Diagonal**, a maior avenida da cidade com 16 quilômetros, passando em frente ao **Consulado Brasileiro**. Continuamos o nosso percurso, vislumbrando outros pontos: **Mansion de la Discórdia**, um conjunto de casas com arquitetura singular. A expressão "discórdia" é uma referência à disputa que houve no século XIX para a escolha da casa mais bonita de Barcelona, sendo a vencedora a Casa Batló.

Percorremos a **Gran Via**, uma avenida com extensão de 6 quilômetros. Observamos uma característica interessante nessas vias por onde passamos. As árvores ao longo das avenidas eram de um tom de verde envelhecido como se estivessem cheias de poeira. O ônibus seguia devagar, contrastando com a descrição apressada que a guia local ia fazendo enquanto indicava os pontos da cidade.

Passando pela **Via Laietana**, cujo nome é uma homenagem aos primeiros habitantes da cidade, notamos a movimentação de pessoas, talvez moradores e turistas, circulando por ela. Há uma série de edifícios comerciais, incluindo bancos. A Laietana fica próximo às Las Ramblas e ruas de pedestres no Bairro gótico.

As *Ramblas* são ruas largas com grande movimentação de pedestres, bem comuns na

Espanha. O plural do termo se justifica por tratar-se de um conjunto de ruas que se juntam. Em Barcelona existem várias delas: Rambla de San Josep, Rambla de Santa Mònica, Rambla de Canaletes e outras.

A **Igreja de Santa Maria del Mar**, que fica perto do porto é uma das principais igrejas góticas da Catalunha. Foi construída sobre fundações de igrejas anteriores com o trabalho de pessoas burguesas e trabalhadores do bairro da Ribera, onde a igreja está situada.

As **Muralhas Romanas** são uma mostra das estratégias da cidade para se defender. Desde a sua fundação, Barcelona teve muralhas, sendo as primeiras muralhas de tamanho menor, que foram aumentadas pouco a pouco após os ataques sofridos. Os resquícios dessas muralhas estão no bairro gótico onde elas se integraram à paisagem urbana.

No **Bairro gótico** encontramos atrações como: A Catedral de Barcelona, dedicada a Santa Eulália, padroeira da cidade. Tem também museus importantes e praças como a Praça Reial e a praça Sant Jaume. Nessa última ocorrem, frequentemente, manifestações de grupos insatisfeitos com alguma questão social. A **Casa de la Ciutat** que abriga a prefeitura de Barcelona, fica na praça Sant Jaume e tem uma bonita fachada.

Avistamos a **Escultura Colorida** representando a "Cara de Barcelona", obra criada entre 1991 e 1992 na época da realização dos Jogos Olímpicos em Barcelona. Está instalada no Paseo Colom, no Porto Vell e mede quase 20 metros de altura, 6 de largura e pesa 90 toneladas. Representa a figura de uma mulher com os cabelos esvoaçantes.

Na mesma área está a **Aduana de Barcelona** e o **Monumento a Cristóvão Colombo,** situado perto do Museu Marítimo que apresenta 700 anos de história marítima.

As praças de Barcelona são um tema à parte. Muito amplas, bem cuidadas e badaladas, com gente caminhando em todas as direções. Dentre as que conhecemos estão: A **Praça da Catalunha**, bem central, ela une o núcleo antigo de Barcelona ao Eixample, um bairro construído de forma planejada. Da Praça da Catalunha partem vias importantes como La Rambla, Passeig de Gràcia, a Avenida Portal do Anjo e outras. A Praça da Catalunha lembra a Praça de São Pedro em Veneza, por causa dos muitos pombos que passeiam pela praça.

O local onde no passado serviu como **Plaza de Toros** passou a ser utilizado para apresentação de concertos e eventos diversos, se transformando depois em um shopping com várias lojas e restaurantes. É uma bonita praça e um bonito prédio com paredes de tijolos avermelhados, servindo de fundo para belas fotografias.

Chegamos a **Montjuïc** (Monte dos Judeus) onde, antigamente, morava a comunidade judaica. Nesse local, há um castelo do século XVII com um museu militar. Do alto da colina tem-se uma bela vista panorâmica do porto e da área antiga da cidade. É o ponto mais alto de Barcelona. Montjuïc é também chamado de Monte de Júpiter.

O **Estádio Olímpico** de Barcelona funciona em Montjuïc desde 1929, tendo sediado várias competições, inclusive em 1992 quando foi sede das Olimpíadas. O estádio tem capacidade para 56.000 pessoas. Há uma parte para as piscinas olímpicas.

Depois de tirarmos fotos e de avistar a cidade do alto, continuamos admirando outros monumentos nessa mesma colina: o Instituto Nacional de Educação Catalunha; o Palácio Nacional onde funciona o Museu Nacional de Arte da Catalunha; a Fonte Mágica de Montjuïc, na Praça Carles Buïgas, onde ocorrem nos fins de semana espetáculos de luzes e acrobacias aquáticas, uma espécie de "sinfonia das águas".

Ainda no Parc Monjuïc encontra-se o **Palácio de Congressos de Barcelona** que é o centro de convenções da cidade, onde acontecem os grandes eventos. E os **Campanários** que são uma cópia, em duplicata, do Campanário existente na Praça de São Marcos em Veneza. Representados por duas colunas, os Campanários estão situados na área que dá acesso a Montjuïc.

Já na parte baixa da cidade, passamos pela **Calle Pelai**, uma via comercial movimentada, onde existem muitas sapatarias. Fica na confluência entre a Cidade Velha e o Eixample, dando acesso a outras vias e praças, ou seja, bem no miolo comercial.

O **Portal de l'Àngel** é uma rua predominantemente comercial, com grande número de lojas de roupa e restaurantes de comida rápida. Habitualmente há nessa rua pessoas apresentando algum espetáculo de dança ou música, cantando ou tocando instrumento para ganhar alguns trocados. Foi o que nós assistimos enquanto aguardávamos a orientação do guia para sairmos da cidade em direção a Sabadell. Há também pontos de venda de pequenos ambulantes que comercializam produtos de artesanato e diversos outros.

A **Calle Rambla** - La Rambla - Principal via do centro da cidade, possui um bom comércio de venda de flores. É uma via efervescente que liga a Praça Catalunha ao porto. É nessa rua que fica a **Fonte de Canaletas**. Essa fonte é, ao mesmo tempo, um poste e uma fonte. Diz a lenda que: se alguém beber dessa fonte, voltará a Barcelona. Foi perto daí que nos deixaram, quem sabe, para facilitar nosso acesso a essa fonte e garantir o retorno à cidade.

Em Barcelona, todas as ruas são paralelas e perpendiculares ao mar. A construção dos prédios levando em conta algumas características foi ideia de um grego chamado Idelfonso Cerdà (1860) que se inspirou em Hipódamo de Mileto, arquiteto, matemático, médico e filósofo grego, considerado o "pai" do planeamento urbano em quadrículas. Seguindo essa inspiração, Cerdà criou o plano para a construção das ruas de Barcelona que cruzam em ângulo reto e as esquinas são chanfradas, para aproveitar o espaço e fazer a luz entrar pelas ruas. As quadras têm formato de octógono com um espaço vazio no centro (pátio de luz) para que os apartamentos recebam mais luz em vários momentos do dia e fiquem mais ventilados. O plano estabelecia, ainda, a plantação de uma árvore a cada 8 metros, o que tornou a cidade mais verde. Previa também a construção de ruas bem largas, o que favorece a circulação de muitos carros. Apesar das ideias terem sido geradas no século XIX, o grego tinha uma perspectiva de urbanismo muito boa.

Estava se aproximando a hora de nos despedirmos da Fonte das Canaletas e das Ramblas de Barcelona. Quando chegamos, havia prenúncio de chuva, tanto que nós nos apressamos em tirar a foto de todo o grupo antes que a chuva caísse. Era a marca dessa nossa viagem - a chuva constante, que nos obrigava a usar agasalho, a carregar sombrinha e até a comprar capa de chuva.

O guia reuniu o grupo para seguirmos em direção a Sabadell. Durante o trajeto, aproveitou para mostrar o **Arco do Triunfo** de Barcelona, no estilo neo-mudéjar, com tijolo aparente, que era bastante utilizado na época em obras cristãs realizadas pelos muçulmanos. O Arco tem 30 metros de altura e foi construído para ser a porta de entrada da Exposição Universal que aconteceu em Barcelona em 1888.

Sabadell

Sabadell é um município que fica na província de Barcelona, sendo a quinta cidade mais populosa da Catalunha, depois de Barcelona, Hospitalet de Llobregat, Badalona e Terrassa. É um centro industrial bastante desenvolvido e muito bonito, com construções modernas. A cidade é pioneira na Revolução Industrial espanhola em razão de suas indústrias têxteis, do mesmo modo que a vizinha

Terrassa. Atualmente a cidade tem atividade predominantemente industrial e comercial e pouca atividade agrícola.

Ficamos hospedados no Hotel Gran Verdi, um espetáculo de hospedagem, aconchegante desde a recepção até as acomodações e café da manhã, considerado por nós o "cinco estrelas" da excursão, embora ele só tivesse 4 estrelas.

****

Sábado, fim de semana, fim de excursão, faltando algumas horas para o embarque de volta ao Brasil. A noite bem dormida em um hotel de alto gabarito, com um café da manhã dos deuses, era um prêmio merecido por quem tinha percorrido tantas estradas dentro de um ônibus, submetido a controle de horário para dormir, acordar, parar, caminhar, divertir-se, alimentar-se, rezar, tudo isso sob a justificativa de estar em excursão, o que, em princípio, soa apenas como diversão.

Apesar de tudo, estávamos muito satisfeitos! Saímos às 7 e meia da manhã de Sabadell em direção a Zaragoza. De lá, seguiríamos até Madri. Eu continuava em estado febril, sem medicação, mas necessitando de repouso. Visi fez o papel de jornalista mais uma vez, coletando as notícias e registrando-as.

Vinte minutos na estrada e passamos por **Terrassa**, comuna situada no nordeste da Espanha, na comarca do Vallès Ocidental, distante 28 quilômetros de Barcelona. A cidade foi protagonista na Revolução Industrial espanhola no século XIX, desenvolvendo-se no ramo da indústria, especializando-se em tecidos de lã.

As construções modernas de Terrassa comprovam sua importância econômica advinda dessa época. São pontos de interesse na cidade os edifícios: Masia Freixa, que funciona como conservatório de música; o Aymerich Amat, que abriga o Museu de Ciência e da Técnica; o Teatro Principal; a Prefeitura e o Mercado da Independência. A cidade mantém um importante patrimônio medieval destacando-se as igrejas de Sant Pere e Santa Maria.

No embalo do "retorno à casa", trafegamos pela região de **Montserrat**. Essa é uma região constituída por formações rochosas de figuras abstratas. Está a 50 quilômetros a noroeste de Barcelona e é um local de peregrinação dos mais importantes da Espanha. No ano de 880, os beneditinos fundaram ali um mosteiro, que abriga desde o século XII La Moreneta - imagem da Madona Negra. Em 1808, as tropas de Napoleão destruíram o mosteiro original. Sua construção atual data de 1874.

Ainda circulando pela região da Catalunha, chegamos a **Lérida** (Lleida, em catalão), cidade da província homônima da qual é a capital. A cidade é conhecida pela sua Catedral da Sé Velha, pelo Castelo de Gardeny e pelas construções de arquitetura variada.

Região de Aragón

Deixamos a região da Catalunha para ingressarmos na região de Aragón, chegando a **Candasnos**, município da província de Huesca. Trata-se de um município pequeno, com menos de 400 habitantes de acordo com o Censo de 2018 do Instituto Nacional de Estatística da Espanha.

O relógio indicava a hora local: 10 horas e 10 minutos e naquele momento "mágico" passávamos pelo Meridiano de Greenwich, na região dos Monegros, mais conhecido como Deserto dos Monegros[5], por não existir plantações a não ser capim para o gado. Achamos essa passagem tão singular que resolvemos fotografar o trecho da rodovia com o arco que indica o ponto por onde atravessa o meridiano. Sobrou para o guia que viajava na frente do ônibus, a tarefa de "sacar" a foto, dependendo da benevolência dele e do motorista, um grande colaborador no registro de cenas desse tipo.

Monegros (*Mon* que significa monte e *negros,* por causa da cor) é uma comarca de Aragão, dividida entre as províncias de Huesca e Zaragoza. Sua capital é Sariñena. Por ser uma área com clima desértico, sofre bastante com as secas. Apesar desse perfil, Monegros é um local que pode gerar o interesse de algumas pessoas e então, quem quer conhecer a região, além de poder se hospedar na própria cidade,

---

[5] Nesse deserto é realizado há anos o Monegros Desert Festival, um festival de música que atrai milhares de pessoas para a cidade escolhida para o evento.

pode escolher localidades próximas como: Ballobar, Fraga e Ontiñena, com infraestrutura para uma boa acolhida.

Prosseguindo, passamos por **Peñalba**, outro município da província de Huesca, com população de 600 habitantes (2018). A região de **Aragón**, por onde circulávamos, constitui o único deserto de toda a Europa. Essa região árida é utilizada para a plantação de capim, sendo que a irrigação é feita através do rio Ebro - o rio que passa em Zaragoza. Através desse deserto estava sendo construída a estrada de ferro para os trens de alta velocidade e que ligaria Madri a Barcelona, podendo interligar-se ainda à rede de trens da alta velocidade da Europa.

Zaragoza

Eram 11 horas quando chegamos a **Zaragoza**, cidade fundada pelos romanos em 25 a. C., capital de Aragón e única cidade relativamente grande nessa região. Nosso tour pela cidade incluiu:

A **Catedral Basílica Nossa Senhora do Pilar**, do século XII, situada na praça homônima, de costas para o rio Ebro. Segundo a tradição, a Virgem Maria apareceu ali no ano 40 sobre um pilar. A construção desta Basílica privilegia dois estilos: o renascentista e o barroco. Belíssima, a catedral tem quatro torres altas nos cantos e várias cúpulas abobadadas cobertas de azulejos coloridos, dominando completamente a praça.

A **Praça del Pilar** é uma extensa praça, decorada com jardins, rodeada de diversos monumentos, incluindo a Catedral, uma fonte com chafarizes e um monumento homenageando o pintor Francisco Goya.

A **Fonte de la Hispanidad** está localizada na Praça do Pilar, perto da Catedral de Nossa Senhora do Pilar. A fonte compõe um monumento em pedra com o formato do mapa da América Latina e uma cachoeira jorrando para um pequeno lago com formato do mapa da América do Sul. Daí provém o nome Hispanidade, para indicar as comunidades que compartilham o idioma e a cultura espanhola.

A **Catedral del Salvador de Zaragoza** (ou La Seo, como é costume chamar "catedral" em Aragão e na Catalunha), foi construída no século XII em estilo gótico e românico, sendo menor que a Basílica do Pilar, porém não menos bonita e importante.

Vista do Rio Ebro, um dos maiores rios da Espanha e da Península Ibérica, nasce na Cordilheira Cantábrica e deságua no mar dos Baleares, em Terragona.

Para conhecer a história da cidade Caesaraugusta, a cidade romana que deu origem à atual Zaragoza, há o **Forum Romano** que foi construído no século III, em frente à catedral e por baixo da Praça Maior, no local que teria sido um antigo fórum romano. O acervo encontra-se no subsolo, cuja escavação revelou ruínas de um templo, lojas, casas, escritórios, estátuas e artefatos em geral.

Trafegamos em frente ao **Palácio Aljafería**, um palácio fortificado, construído na segunda metade do século XI pelos mouros, posteriormente foi adaptado pelos reis cristãos de Aragon para servir de residência aos mesmos. O palácio possui um pequeno jardim no local que antes era um fosso. É o único edifício conservado da arquitetura islâmica nessa cidade.

Depois do tour, fomos liberados para o almoço rápido. Embora fosse o último almoço da excursão, não tínhamos tempo para escolher com calma o local para fazer essa refeição. Assim, fomos ao primeiro restaurante que encontramos nas imediações da Praça del Pilar, que servia comida mediterrânea e espanhola. Pedimos um prato que tinha a cara de reunir os dois estilos, sendo uma ótima escolha.

Saímos de Zaragoza com destino a Madri, pela rodovia A2, tendo pela frente mais de 300 quilômetros a serem percorridos. Decididamente, eu não estava disposta a anotar mais nada. Só queria dormir, ficar quieta no meu canto, olhar as paisagens, preparar meu espírito para as horas de voo rumo ao Brasil.

De vez em quando o guia acrescentava mais uma pílula de informação. Segundo ele, a Espanha era o primeiro país em produção de energia eólica. Naquela época atendia 15% das necessidades do país pretendendo chegar a 25% alguns anos depois. E eu fiquei pensando: Será que ele ainda não falou sobre isso?

Foi com essa dúvida que chegamos a **Alhama de Aragon**, um município da província de Zaragoza e que oferece aos visitantes os benefícios de suas águas termais, que são várias e foram descobertas ainda na época romana. Bem que eu gostaria de deixar aquele ônibus e partir para uma dessas estâncias termais de Aragon.

Com esse espírito de banhar-se para se purificar, eu não percebi o tempo passar. O pensamento ficou lá atrás, mas nós já havíamos percorrido 75 quilômetros, chegando a **Alcolea del Pinar**, um município da província de Guadalajara, na comunidade de Castilla-La Mancha. Perto da cidade há hotéis fazenda com disponibilidade para a prática de pesca.

Porém, o que os excursionistas mais faziam era pescar o sono. Nesse retorno, estava todo mundo cansado e o mais importante era ficar quieto e cochilar, ação que havia se tornado cada vez mais coletiva. Faltavam poucos quilômetros para o nosso destino. Mais uma vez o guia despertou e anunciou a proximidade de **Guadalajara**, a última cidade que registramos antes da chegada a Madri. O município pertence à província homônima e faz parte da comunidade de Castilla-La Mancha.

Fim da excursão

Chegando pela segunda vez a Madri. Da primeira vez chegamos de avião e desta vez, de ônibus. A cidade, como sempre, parecia estar de braços abertos ao turista. Daí manter-se bela, brilhante e sorridente, a fim de continuar agradando aos que cativou.

Nossa hospedagem foi no Hotel Finisterre, um hotel mais simples que o Puerta de Toledo, a começar pelo elevador: pequeno, vagaroso e a porta quase manual. Como permaneceríamos por pouco tempo, daria para suportar e subir as escadas.

O mais importante naquele momento era repousar e revisar a bagagem que havia crescido um pouco. Viajaríamos à meia noite e 30 minutos e já eram 19 horas, 15 minutos e alguns segundos. Todos os segundos seriam preciosos. Havíamos combinado com a empresa que nos guiou nesses dias para nos pegar às 21 horas.

Tudo arrumado, só aguardando a chegada do motorista. O nervosismo começou a se instalar quando faltavam 10 minutos para a hora combinada. Descemos com a bagagem até a recepção do hotel. O tempo passou e o carro não chegou. Falamos com o recepcionista que tentou ligar para a empresa e para o motorista (que ele conhecia) e que fora o mesmo que nos recebeu no aeroporto no dia em que chegamos a Madri pela primeira vez. O recepcionista não conseguiu comunicar-se e depois de várias tentativas, sugeriu que providenciássemos um táxi.

Sábado à noite. Todos os táxis do ponto em frente ao hotel pareciam ter fugido de nós. Estávamos todos nervosos, enquanto os minutos iam embora levando qualquer esperança do motorista agendado aparecer. Uma noite extremamente crítica. 22 horas, havia quase uma hora procurando táxi. Não passava nada em nenhuma direção. Visi havia saído para tentar agarrar algum que passasse no cruzamento da Porta de Toledo. E eu havia atravessado a rua para fazer o mesmo que ele. Em vão, porque pensando bem, não fazia sentido eu parar um taxi sem saber por onde andava o marido.

Impaciente, eu já havia colocado as malas na calçada. Deus do céu e da terra, que desespero. O relógio não parava os ponteiros. 22 horas e 15 minutos. Tentei respirar fundo, sem conseguir. Ufa! Chegou Visi com o táxi. Eu não olhei mais para o relógio.

O motorista, um senhor idoso, fincou o pé no acelerador e voou até o aeroporto. Parecia estar treinado para correr com passageiros aflitos, sem medir as consequências da correria. Ultrapassamos todos os carros que apareciam à nossa frente e conseguimos chegar pouco depois das 22 horas e 30 minutos.

Aí veio um novo drama: efetuar o pagamento em dólar porque o que nos restava em moeda espanhola não era suficiente. E isso aconteceu porque avaliamos que não seria necessário guardar mais do que aquela quantia, já que o *transfer* estava pago (em dólar, como ocorre em qualquer excursão) e não tínhamos interesse em levar de volta as pesetas. Depois de dizer que não aceitava, ele acabou compreendendo nossa situação, felizmente, porque a nossa adrenalina se encontrava nas alturas.

Comparecemos para o "check-in" em tempo de não sermos descartados. Nosso trajeto do hotel até o aeroporto durou pouco mais de 15 minutos, quando o normal seria de 30 a 40 minutos. Foi esse o tempo gasto até o hotel no dia em que desembarcamos na cidade espanhola.

Despachadas as bagagens, ficamos no aguardo da partida, circulando um pouco para dispersar as tensões acumuladas naquelas últimas horas. Obviamente, cobraríamos o reembolso da operadora de turismo, como o fizemos ao chegar ao Brasil. Mas nada compensa o sufoco passado em terras estrangeiras, numa noite de sábado, com as ruas vazias e sem transporte.

A viagem foi tumultuada, eu não suportei o barulho das turbinas, me causando um grande estresse que me deixou acordada a maior parte do tempo de voo. Chegamos a São Paulo pela manhã logo cedo e ficamos até às 11 horas aguardando o voo para Salvador. O bom dessa espera foi que ganhamos de "brinde" lugares na classe executiva, com direito a tratamento dado a passageiros especiais.

Disso tudo ficaram algumas lições que servem de alerta para outras viagens: a primeira, devemos nos certificar obstinadamente de que o *transfer* está assegurado, tanto o da chegada, quanto o do retorno;

a segunda, ter uma alternativa na manga da camisa para o caso de falha quanto ao combinado com a empresa que organiza a excursão; terceira, não gastar todas as moedas do local onde se encontra em excursão, se houver moeda específica daquele lugar. Por último, combinar o horário de apanha com folga, para evitar correria caso haja necessidade de mudar de planos.

Assim terminou nossa excursão, permanecendo apenas as memórias da viagem.

Referências

ALEMANHA EM FATOS E NÚMEROS: o mais importante sobre o país e a população [online]. Disponível em < https://www.deutschland.de/pt-br/topic/politica/alemanha-em-fatos-e-numeros-o-mais-importante-sobre-o-pais-e-a-populacao >. 22 de set. 2020. Consultado em: 15 out. 2020

ALEMANHA – Sinopse. Perfil da Alemanha [online]. Disponível em <www.tatsachen-ueber-deutschland.de/pt-br/alemanha-sinopse>. Consultado em: 15 out. 2020.

ALTMAN, Jack. **Itália:** Guia de Viagem. Berlitz, 1998

ARRUDA, José Jobson de A. **História Antiga e Medieval**. São Paulo: Editora Ática, 1991

AS 20 REGIÕES DA ITÁLIA de A a Z [online]. Disponível em <https://dimensionecidadania.com.br/2020/06/14/as-20-regiões-da-itália-de-a-a-z>. Consultado em: 18 out. 2020

ÁUSTRIA. Dados da Áustria – Brasil Escola [online]. Disponível em <m.brasilescola.uol.com.br/austria.htm>. Consultado em: 6 out. 2020

ÁUSTRIA. Território, população e economia da Áustria [online]. Disponível em <m.mundoeducacao.uol.com.br/geografia/austria.h

tm>. Consultado em: 10 out. 2020

BOURDIEU, Pierre; DELSAULT, Yvette. Le Couturier et Sa Griffe: Contribution à une Théorie de la Magie. Em: **Actes de la Recherche**. Paris: Scientifique, 1975

COMUNIDADES AUTÔNOMAS da Espanha [online]. Disponível em <pt.m.wikipedia.org/wiki/Comunidades_autónomas_da_Espanha>. Consultado em: 10 out. 2020

CONSULADO DA ALEMANHA. **Alemanha.** Salvador, 2001 (Portfólios)

DANÚBIO: um rio multinacional. **Revista Geográfica Universal**. Rio de Janeiro: Bloch Editores, n.106, set. 1983

DEPARTAMENTOS DA FRANÇA [online]. Disponível em <pt.m.wikipedia.org/wiki/Departamentos_da_França>. Consultado em: 5 out. 2020

ESTADOS DA ALEMANHA [online]. Disponível em <pt.m.wikipedia.org/wiki/estados_da_alemanha>. Consultado em: 16 out. 2020

ESTADOS DA ÁUSTRIA [online]. Disponível em <pt.m.wikipedia.org.>wiki/Estados_da_Áustria. Consultado em: 4 out. 2020

GOSTELOW, Martin. **Paris:** Guia de Viagem. 7. ed. Berlitz, 1998

LE GOFF, Jacques. **Mercadores e Banqueiros da Idade Média**. São Paulo: Martins Fontes, 1991

MAPA DA ESPANHA: conheça as principais cidades e regiões espanholas [online]. Disponível em <https://www.eurodicas.com.br/mapa-da-espanha/ >. Consultado em: 11 out.2020

MAPA ITÁLIA, Principais Cidades – Roma, Veneza, Florença [online]. Disponível em <http://italia-viagem.com/mapa.htm>. Consultado em: 17 out. 2020

PESSANHA, José Américo Motta. Bachelard e Monet: O olho e a mão. Em: NOVAES, Adauto A. (Org.). **O Olhar**. São Paulo: Cia das Letras, 1988

PROVÍNCIAS DA ESPANHA [online]. Disponível em <pt.m.wikipedia.org/wiki/províncias_da_espanha> . Consultado em: 10 out. 2020

REGIÕES DA FRANÇA [online]. Disponível em <pt.m.wikipedia.org/wiki/regiões_da_frança>. Consultado em: 5 out. 2020

REGIÕES DA ITÁLIA [online]. Disponível em <pt.m.wikipedia.org/wiki/regiões_da_itália>. Consultado em: 20 out. 2020

STANFORD, Emma. **Espanha:** Guia de Viagem. Berlitz, 1999